誰でもカンタン・テキパキ対応できる！

すぐに使える
接客英会話大特訓

鉄板フレーズ810

柴山かつの
Shibayama Katsuno

Jリサーチ出版

はじめに

この本1冊で、どんな接客場面にもすぐに対応できる♪

　2014年になって「海外から日本に出張してくる外国のお客様、日本に滞在している外国のお客様の数が増えたけれども、どのように接客してよいのかわからない」との声をよく聞くようになりました。

　2020年には東京でオリンピックが開催され、さらに海外からのお客様が増えるでしょう。また、**オーストラリアやカナダなどの海外でワーキングホリデイビザ**を取得して、お店で働く日本人も増加しています。

　この国際交流の時代に接客英会話は絶対に必要なものとなってきました。

　「いらっしゃいませ」で始まり、買っても買わなくてもお越しくださったことに対して「ありがとうございます」とお礼を言う**日本の接客は世界でもトップレベル**だと賞賛されています。

　だからこそ、お買い物をし、お食事をし、観光することを楽しみにして来日される海外からのお客様が多いのではないでしょうか？そんなお客様の期待に是非応えたいですね！

　言葉の通じない国に旅して、日本語で話しかけられると、ホッとして嬉しい気分になりますよね。海外からのお客様も、きっとあなたに英語で接客してもらえるとホッとし、あなたのホッとなやさしさにふれ、嬉しい気分になってくださいますよ。

　お客様はあなたの英語力を診断するためにお買い物をしたり、お食事をされたりするのではありません。あなたの一生懸命さ、本書で接客フレーズを学習し、一生懸命気持ちを伝えよう、日本を楽しんでもらおうとする心のふれあいを期待されているのだと思います。

　だから、本書で勉強して、まだ全ての接客英会話が身に付いていない時点でも**自信をもって笑顔で海外からのお客様に接客してください。**

　あなたが海外に旅行したとき、一番心に残るのは何ですか？美しい景色ですか？　美しい景色も、もちろん心に残るでしょう。なかなか短期間では現地の人の生活を見ることはできません。心に残るのは**お店で接客してくれる人のやさしさ**ではないでしょうか？

本書は

第1章　接客英会話の基本　第2章　飲食店　第3章　販売店
第4章　施設　　　　　　　第5章　交通　　第6章　緊急・トラブル

から成り立ちます。

　読者の皆さんの中には、例えば「私は飲食店で外国のお客様に英語で接客するから、第1章と第2章と第3章の共通フレーズ以外のユニットは関係ないわ〜」と思う方がいらっしゃるかもしれません。しかし、それは違います。

　例えば、お客様に行き先の**交通経路などを問われたときは、第5章の交通のフレーズが**そして、お客様が**落し物をした場合や災害に備えるためには、第6章の緊急・トラブル**がとても役立ちます。また、**お客様の服に飲み物やお料理をこぼしてしまった場合は第3章のクリーニング屋さんのフレーズ**を使えますよ。また**お客様が気分が悪くなられた場合、第3章のドラッグストアのフレーズ**もとても役立ちます。

　また、第3章の販売店のアパレルやカバン屋さんのフレーズで会話のきっかけをつかめます。お客様の服や持ち物をほめることによってお客様はとても喜んでくださいます。また、どのタイプのお店で働くにしろ、日本のお土産について問われる可能性はありますので土産物屋のフレーズもとても役立つでしょう。

　本書は海外旅行をしたときに店員さんの話していることが聞き取りにくい人の**リスニング力を向上**する大きな助けにもなるでしょう。ホテルでトイレの水が流れなかった場合etcの宿泊客の苦情フレーズも掲載していますので**旅行英会話**としても利用していただけます。また、お店のレジの横に置いていただいて、**必要なフレーズをすぐにひいて対応**していただくこともできます。

　前述しましたがもちろんワーキングホリデイビザを取得し海外で接客業につく人にもとても役立つ本です。

　本書がこの世に産声を上げるのに、読者視線で心をこめて編集をしてくださった浅見有里さん、丁寧にネイティブチェックしてくださった日米英語学院講師 Paul Dorey 先生に心から感謝申し上げます。そして**本書で接客英会話を学習してくださる皆さん、心からありがとうございます。**

　本書が末永く読者の皆様に愛され続けますように。

著者　柴山かつの

CONTENTS

はじめに ··· 2
英語で接客するための3つの心得 ··· 8
すぐに使える接客英会話大特訓の練習法 ··· 9
本書の利用法 ·· 10

第1章　接客英会話の基本 ································· 13

UNIT 1	お客様を迎える ··· 14
UNIT 2	営業時間と営業日 ·· 16
UNIT 3	店内の案内 ·· 18
UNIT 4	英語が聞き取れない・わからない ································ 20
UNIT 5	謝る ·· 22
UNIT 6	あいづちとお役立ち表現① ·· 24
UNIT 7	あいづちとお役立ち表現② ·· 26
UNIT 8	雑談を交わす① ··· 28
UNIT 9	雑談を交わす② ··· 30
UNIT 10	レジでのお会計① ··· 32
UNIT 11	レジでのお会計② ··· 34
UNIT 12	レジでのお会計③ ··· 36
UNIT 13	レジでのお会計④ ··· 38
UNIT 14	レジでのお会計⑤ ··· 40
UNIT 15	レジでのお会計（ダイアローグ編） ···························· 42
UNIT 16	電話対応① ·· 44
UNIT 17	電話対応② ·· 46
UNIT 18	お客様を見送る ·· 48

　　　　　すぐに使えるポップフレーズ① ······································· 50

第2章 飲食店 ... 51

- **UNIT 19** 飲食店の基本①〜予約のお客様に対する応対〜 ... 52
- **UNIT 20** 飲食店の基本②〜予約ができない場合や制限つきのご案内〜 ... 54
- **UNIT 21** 飲食店の基本③〜満席のときに待ってもらう〜 ... 56
- **UNIT 22** 飲食店の基本④〜席に案内する〜 ... 58
- **UNIT 23** 飲食店の基本⑤〜注文を聞く〜 ... 60
- **UNIT 24** 飲食店の基本⑥〜料理の注文を受ける〜 ... 62
- **UNIT 25** 飲食店の基本⑦〜料理の注文を受ける〜 ... 64
- **UNIT 26** 飲食店の基本⑧〜料理の注文を受ける〜 ... 66
- **UNIT 27** 飲食店の基本⑨〜料理を運ぶ〜 ... 68
- **UNIT 28** 飲食店の基本⑩〜料理を下げる〜 ... 70
- **UNIT 29** 飲食店の基本⑪〜クレーム対応〜 ... 72
- **UNIT 30** 飲食店の基本⑫〜クレーム対応（ダイアローグ編）〜 ... 74
- **UNIT 31** ファーストフード① ... 76
- **UNIT 32** ファーストフード② ... 78
- **UNIT 33** 回転寿司 ... 80
- **UNIT 34** 寿司屋 ... 82
- **UNIT 35** 居酒屋・バー① ... 84
- **UNIT 36** 居酒屋・バー② ... 86
- **UNIT 37** うどん・そば・天ぷら ... 88
- **UNIT 38** 定食屋 ... 90
- **UNIT 39** お好み焼き ... 92

　飲食店に関する単語 ... 94

第3章 販売店 ... 97

- **UNIT 40** 販売店の基本①〜品物の在庫状況〜 ... 98
- **UNIT 41** 販売店の基本②〜品物の在庫状況〜 ... 100

UNIT 42	販売店の基本③〜値段交渉〜	102
UNIT 43	販売店の基本④〜包装〜	104
UNIT 44	販売店の基本⑤〜商品の配送〜	106
UNIT 45	販売店の基本⑥〜商品の配送と持ち帰りの際の気配り〜	108
UNIT 46	販売店の基本⑦〜返品〜	110
UNIT 47	販売店の基本⑧〜返品（ダイアローグ編）〜	112
UNIT 48	アパレル①	114
UNIT 49	アパレル②	116
UNIT 50	アパレル③	118
UNIT 51	アパレル④	120
UNIT 52	アパレル（ダイアローグ編）	122
UNIT 53	カバン屋	124
UNIT 54	ドラッグストア①	126
UNIT 55	ドラッグストア②	128
UNIT 56	ドラッグストア③	130
UNIT 57	書店①	132
UNIT 58	書店②	134
UNIT 59	土産物屋①	136
UNIT 60	土産物屋②	138
UNIT 61	コンビニ	140
UNIT 62	スーパーマーケット・デパ地下①	142
UNIT 63	スーパーマーケット・デパ地下②	144
UNIT 64	スーパーマーケット・デパ地下③	146
UNIT 65	郵便局・宅配便	148
UNIT 66	クリーニング店	150
UNIT 67	家電量販店①	152
UNIT 68	家電量販店②〜修理に関する交渉〜	154
	販売店に関する単語	156

第4章 施設 …… 159

UNIT 69	宿泊施設①	160

UNIT 70	宿泊施設②	162
UNIT 71	宿泊施設③	164
UNIT 72	宿泊施設④	166
UNIT 73	美容院①	168
UNIT 74	美容院②	170
UNIT 75	美容院③	172
UNIT 76	博物館・美術館	174
	すぐに使えるポップフレーズ②	176

第5章 交通 … 177

UNIT 77	道案内	178
UNIT 78	タクシー①	180
UNIT 79	タクシー②	182
UNIT 80	電車①	184
UNIT 81	電車②	186
UNIT 82	電車③	188
UNIT 83	バス①	190
UNIT 84	バス②	192
UNIT 85	新幹線	194
	交通に関する単語	196

第6章 緊急・トラブル … 197

UNIT 86	急病人対応	198
UNIT 87	地震のときの緊急対応	200
UNIT 88	火災のときの緊急対応	202
UNIT 89	落し物・忘れ物①	204
UNIT 90	落し物・忘れ物②	206

英語で接客するための3つの心得

心得1　まずは基本のフレーズを覚えましょう。

　毎日10分ずつでも音読し、暗記する事が大切です。毎日3フレーズずつ暗記すれば1か月で90フレーズ暗記できます。パーフェクトなフレーズを暗記すると自信をもって話せるようになります。

　勉強と思わず、趣味と思いましょう。あなたが海外からのお客様に英語で接客し、お客様が喜んでくださっている姿を思い浮かべながら毎日コツコツ勉強しましょう。

　好きな歌なら何回もハミングして練習しますね。接客フレーズもそれと同じです。歌を何回も練習すれば心をこめて歌えるようになるように、接客フレーズも何度も練習すれば心をこめて話せるようになります。

心得2　おもてなしの精神、気配りを大切にしましょう。

　真心で自信をもって接客しましょう。英語は万国共通語ですが、国によってはかなり聞き取りにくい発音の英語もあります。

　そんな時も優しい笑顔で礼儀正しく接しましょう。

　わかろうとする気持ちが大切です。そうすれば必ずわかりにくい英語も聞き取れるようになります。

心得3　それぞれの異なる文化があることを理解しましょう。

　お客様の文化を理解しましょう。宗教上、食べられない物がある場合もあります。また、食事の量感も国によって違います。また商品の返品をごく当たり前と考える文化もあります。しかし、日本では商品の交換にはルールがあります。

　お客様の文化を考慮しつつ、お客様の気分を害さずに説明できるようになりましょう。

すぐに使える接客英会話大特訓の練習法

各UNITとも左ページに「日本語訳」、右ページに「英語フレーズ」が9つずつ並んでいます。次のSTEPに従って練習しましょう。

Step 1

　日本語ページにある英語表現のキーワードを参考にしながら、まずはゆっくりと自力で日本語に合った英語を言ってみましょう。そして、CDを使って答え合わせをして、英語を音読しましょう。とにかく音読が大事です！きちんと声に出して言ってみましょう。

▼

Step 2

　日本語を目隠しシートで隠し、英語フレーズを見ながらCDを聞いてみましょう。文字を目で追いながら注意深く聞いてください。次に英語フレーズを見ずにCDを聞いてみましょう。文字はどうだったか思い出しながら、聞いてみてください。

▼

Step 3

　英語フレーズを目隠しシートで隠し、日本語を見て英語フレーズを言ってみましょう。まずは、日本語ページにある英語表現のキーワードを参考にしながらで大丈夫。忘れていたら、無理をせずに英語フレーズを確認してください。

▼

Step 4

　CDを使いながら、日本語フレーズを聞いて自分で英語フレーズを言ってみる練習をしましょう。日本語のあとには話すためのポーズがあります。慣れてきたら、CDだけを使って繰り返し練習しましょう。

本書の利用法

　本書は「第1章　接客英会話の基本」から始まります。どんな職業に就いている人にも使えるフレーズがそろっていますので、まずはここを徹底的に練習してください。第2章以降は職業別にUNITが構成されています。まずは自分の職業に関するフレーズから覚えていきましょう。「接客英会話のカギ」では文化背景などに関する心得をお話しします。

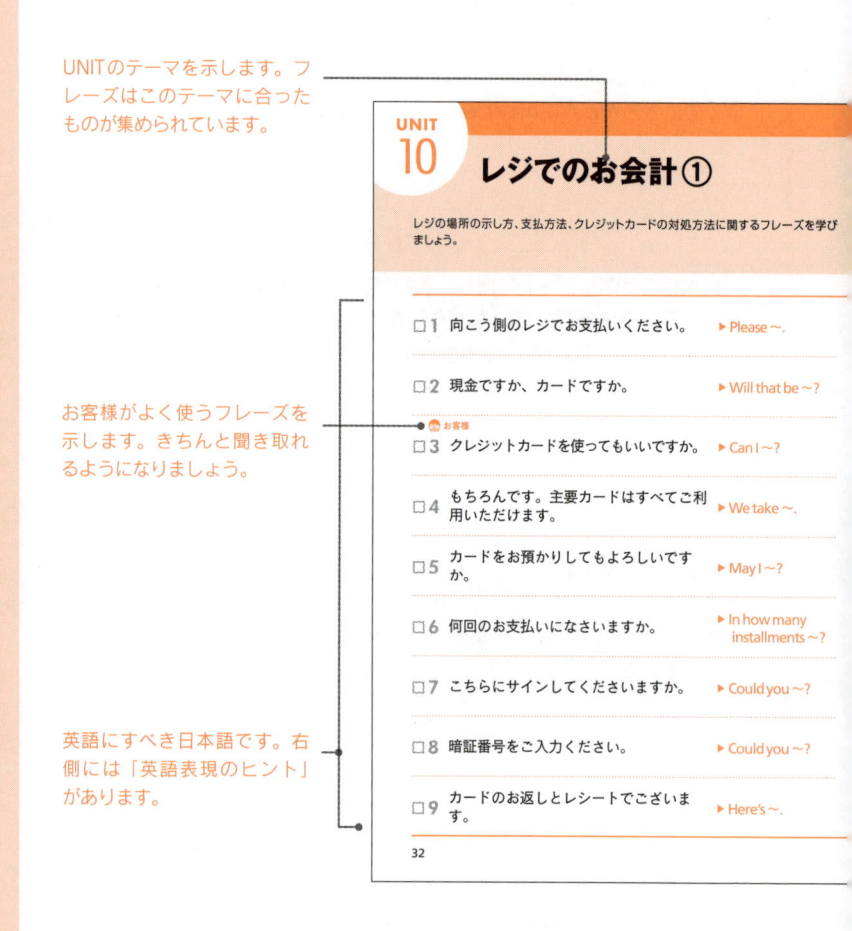

UNITのテーマを示します。フレーズはこのテーマに合ったものが集められています。

お客様がよく使うフレーズを示します。きちんと聞き取れるようになりましょう。

英語にすべき日本語です。右側には「英語表現のヒント」があります。

UNIT 10　レジでのお会計①

レジの場所の示し方、支払方法、クレジットカードの対処方法に関するフレーズを学びましょう。

□ 1	向こう側のレジでお支払いください。	▶ Please 〜.
□ 2	現金ですか、カードですか。	▶ Will that be 〜?
□ 3	🔵お客様 クレジットカードを使ってもいいですか。	▶ Can I 〜?
□ 4	もちろんです。主要カードはすべてご利用いただけます。	▶ We take 〜.
□ 5	カードをお預かりしてもよろしいですか。	▶ May I 〜?
□ 6	何回のお支払いになさいますか。	▶ In how many installments 〜?
□ 7	こちらにサインしてくださいますか。	▶ Could you 〜?
□ 8	暗証番号をご入力ください。	▶ Could you 〜?
□ 9	カードのお返しとレシートでございます。	▶ Here's 〜.

32

英語で接客する際に注意したほうがいい点などに関して話しています。フレーズのポイントや各UNITでおさえておくべき表現なども説明します。

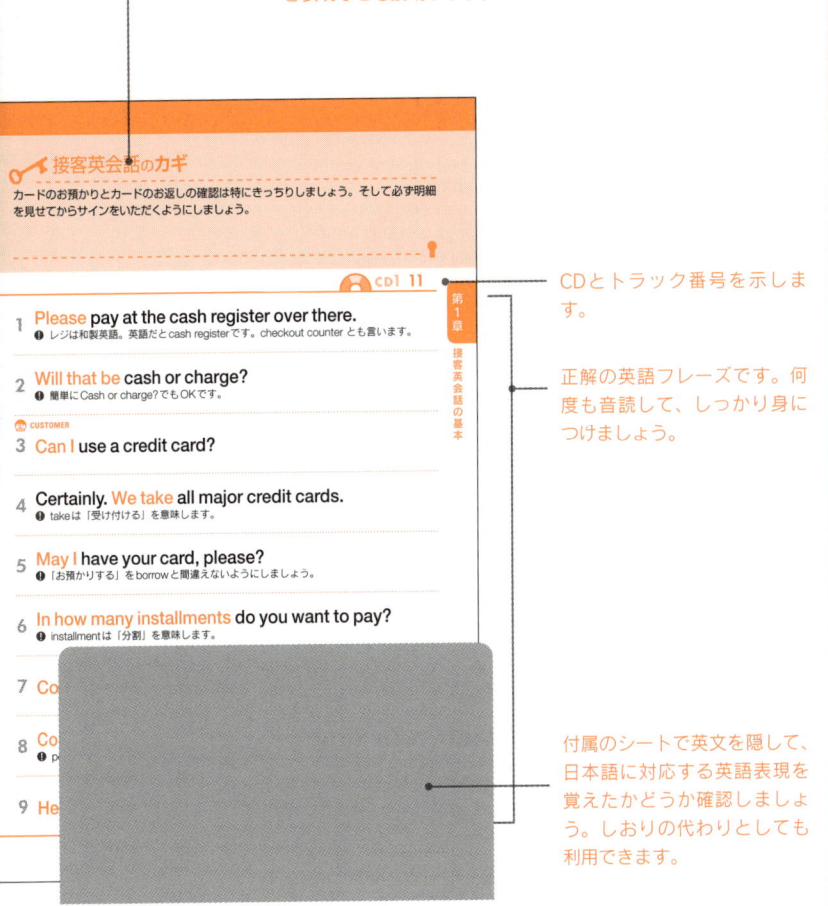

接客英会話の**カギ**

カードのお預かりとカードのお返しの確認は特にきっちりしましょう。そして必ず明細を見せてからサインをいただくようにしましょう。

CD1 11

CDとトラック番号を示します。

第1章 接客英会話の基本

1 **Please** pay at the cash register over there.
❶ レジは和製英語。英語だとcash registerです。checkout counterとも言います。

正解の英語フレーズです。何度も音読して、しっかり身につけましょう。

2 **Will that be** cash or charge?
❶ 簡単にCash or charge?でもOKです。

CUSTOMER
3 Can I use a credit card?

4 Certainly. **We take** all major credit cards.
❶ takeは「受け付ける」を意味します。

5 **May I** have your card, please?
❶「お預かりする」をborrowと間違えないようにしましょう。

6 **In how many installments** do you want to pay?
❶ installmentは「分割」を意味します。

7 Co

8 Co
❶ p

9 He

付属のシートで英文を隠して、日本語に対応する英語表現を覚えたかどうか確認しましょう。しおりの代わりとしても利用できます。

11

CDの使い方

- CDは2枚あり、本の左ページの「日本語」と右ページの「英語フレーズ」がどちらも録音されています。
- 「日本語」→(ポーズ)→「英語フレーズ」の順番で録音されているので、日本語のあとに自分で声に出して英語を言う練習ができます。

CD録音例

(例)

「ごゆっくりどうぞ」

↓

(ポーズ) ここで、自力で英語を言ってみましょう。

↓

Please take your time.
自分の言った英語が正しいかどうか確認しましょう。

第1章

接客英会話の基本

お客様のご来店からお見送りするまでの流れの中で、どんな職種でも使える接客の基本フレーズをそろえました。とりあえず、これだけ覚えておけばひと安心。自然と口から出るようになるまで、練習しましょう。

CDトラック

UNIT1 (CD1 Track2)
▼
UNIT18 (CD1 Track19)

UNIT 1 お客様を迎える

ご来店されたお客様へのあいさつ、用件をうかがうフレーズを覚えましょう。

☐1 おはようございます。こんにちは。こんばんは。

☐2 ようこそお越しくださいました。 ▶ Welcome to ~.

☐3 いらっしゃいませ。何をお探しですか。 ▶ May I ~?

☐4 いらっしゃいませ。 ▶ What can ~?

☐5 おうかがいしていますか。 ▶ Would you ~?

😊 お客様
☐6 聞いてもらっていますよ。 ▶ Someone is ~.

😊 お客様
☐7 ちょっと見させてもらっているだけです。 ▶ I'm just ~.

☐8 何かありましたらお申し付けください。 ▶ Let me know ~.

☐9 ごゆっくりどうぞ。 ▶ Please ~.

接客英会話のカギ

May I help you?（いらっしゃいませ）や Would you like some help?（おうかがいしていますか）と聞くタイミングに気をつけましょう。男性には sir、女性には ma'am をフレーズの最後につけると丁寧になります。イギリス英語では ma'am と言わずに madam と言います。

CD1 02

第1章 接客英会話の基本

1. **Good morning. Good afternoon. Good evening.**
   ❶ Hello. は時間帯に関係なくOKです。Hi! はさらにフレンドリーです。

2. **Welcome to our store.**

3. **May I help you?**
   ❶ 電話の際に使うと、「ご用件をおうかがいします」という意味になります。

4. **What can I do for you, ma'am/ sir ?**
   ❶ 高級店ではこのフレーズが良いです。

5. **Would you like some help?**

CUSTOMER
6. **Someone is helping me.**
   ❶ 同じ意味の I'm being waited on. はアメリカ英語、I'm being served. はイギリス英語。

CUSTOMER
7. **I'm just looking.**
   ❶ I'm just browsing. も同じ意味です。

8. **Let me know if there is anything I can do for you.**
   ❶ とても便利な表現で、試着室にいるお客様の様子をうかがうときなどにも使えます。

9. **Please take your time.**
   ❶ take your time（あなたの時間を取る）は「ゆっくりする」を意味します。

UNIT 2 営業時間と営業日

営業時間、営業日、定休日についてのフレーズを覚えましょう。

お客様
- [ ] 1 何時に閉店しますか。 ▶ What time ～?

- [ ] 2 7時まで開いています。 ▶ We are ～.

お客様
- [ ] 3 営業時間は何時から何時までですか。 ▶ What are ～?

- [ ] 4 24時間営業です。 ▶ We are ～.

- [ ] 5 店の営業時間は午前10時から午後8時まででございます。 ▶ Our store hours ～.

- [ ] 6 月曜から金曜日までは午前10時から午後8時まで、土曜日は9時から7時までとなっております。 ▶ We are ～.

お客様
- [ ] 7 定休日はいつですか。 ▶ What day ～?

- [ ] 8 第3週目の水曜日が定休日になっております。 ▶ Our regular holiday ～.

- [ ] 9 元旦を除き年中無休です。 ▶ We're always ～.

接客英会話のカギ

ヨーロッパでは日曜日に閉まっているお店も多いです。営業時間を間違えて知らせる、定休日を知らせずにお客様が誤って来店されたということがないようにしましょう。

CD1 03

第1章 接客英会話の基本

CUSTOMER
1 **What time** do you close?

2 **We are** open until 7.
- be open until ~ (~まで開いている) は close at ~ と同じ意味です。

CUSTOMER
3 **What are** your business hours?
- business hours は「営業時間」を意味します。

4 **We are** open 24 hours.

5 **Our store hours** are from 10 a.m. to 8 p.m.
- store hours は「店の営業時間」を意味します。

6 **We are** open from 10 to 8 from Monday to Friday, and from 9 to 7 on Saturdays.

CUSTOMER
7 **What day** are you closed?
- What day の day は「曜日」、be closed は「休みである」を意味します。

8 **Our regular holiday** is the third Wednesday of the month.
- regular holiday の他に fixed holiday も「定休日」を意味します。

9 **We're always** open except for New Year's Day.
- except for ~ は「~以外」という意味です。

UNIT 3 店内の案内

場所をたずねる場合の定番フレーズWhere can I find 〜?やI'm looking for 〜.また、何階にあるかをたずねる場合のWhat floor 〜?を聞き取り、next to、across from、on、betweenなどを使って場所を説明できるようになりましょう。

お客様
- □1 お手洗いはどこですか。 ▶ Where 〜?

- □2 婦人服売り場の横です。 ▶ It's next to 〜.

お客様
- □3 文房具売り場は何階ですか。 ▶ What floor 〜?

- □4 文房具売り場は2階の本屋の向かい側です。 ▶ on the 〜.

お客様
- □5 おもちゃ売り場を探しています。 ▶ I'm looking for 〜.

- □6 スポーツ用品店と本屋の間です。 ▶ It's between 〜.

- □7 日本土産のお店は別館の8階にあります。 ▶ There is a 〜.

- □8 このエレベーターは8階には止まりません。 ▶ This elevator 〜.

- □9 7階からは階段をご利用ください。 ▶ Please use 〜.

🗝 接客英会話の**カギ**

first floorはアメリカ英語では1階のことですが、イギリス英語では2階のことです。イギリス英語の1階はground floorです。フロアマップを見せて説明するのがベストです。

🎧 CD1 04

CUSTOMER

1 **Where** can I find a restroom?
   ❶ 「お手洗い」はMen's room / Ladies' roomとも言います。

2 **It's next to** the women's clothing department.
   ❶ women's clothingは「婦人服」です。departmentが「売り場」を表します。

CUSTOMER

3 **What floor** is the stationery department on?
   ❶ stationery departmentは「文具売り場」です。

4 The stationery department is across from the bookstore **on the** second floor.
   ❶ 何階かを聞かれたときは場所まで答えると親切です。across ~は「~の向かい側」。

CUSTOMER

5 **I'm looking for** the toy department.

6 **It's between** a sporting goods store and a bookstore.
   ❶ between A and Bは「AとBの間」を意味します。

7 **There is a** Japanese gift shop on the eighth floor of the annex building.
   ❶ 「別館」はannex buildingです。

8 **This elevator** doesn't stop on the eighth floor.

9 **Please use** the stairs from the seventh floor.
   ❶ stairsは「階段」を意味します。

UNIT 4 英語が聞き取れない・わからない

英語が聞き取れない、もう一度繰り返してほしい、ゆっくり話してほしい、スペルを教えてほしい、紙に用件を書いてほしいといった場合のフレーズや英語が話せる人を呼んでくることを伝えるなど、困ったときに使えるフレーズを覚えましょう。

□1　もう一度おっしゃっていただけますか。　▶ I beg ～?

□2　すみませんが、よく聞き取れませんでした。　▶ I'm sorry, but ～.

□3　もう一度おっしゃっていただけますか。　▶ Could you ～?

□4　もう少しゆっくり話していただけませんか。　▶ Could you ～?

□5　スペルをお願いします。　▶ How do you ～?

□6　それは何を意味しますか。　▶ What does ～?

□7　ここに書いていただけますか。　▶ Could you ～?

□8　申し訳ありませんが、それを英語で言えません。　▶ I'm afraid I can't ～.

□9　少々お待ちください。ただ今英語の話せるものを呼んでまいります。　▶ I'll ～.

接客英会話のカギ

理解できているふりをするのは禁物です。特に異文化では大きな誤解につながる場合があります。失礼にならないように丁重に聞き直しましょう。同じフレーズで何度も聞き返さず、言葉を変えることも大切です。Could you write it down here?（ここに書いていただけますか）と書いてもらうのもいいでしょう。

CD1 05

1 **I beg** your pardon?
　❶ 下がり調子で言うと「ごめんなさい」を意味します。Pardon me? もOKです。

2 **I'm sorry, but** I didn't catch that.

3 **Could you** repeat that, please?
　❶ Could you (would) you ～？は丁寧な依頼表現です。

4 **Could you** speak more slowly?
　❶ more slowly は「もっとゆっくり」を意味します。

5 **How do you** spell that?
　❶ spell は「つづる」を意味します。

6 **What does** that mean?
　❶ What do you mean by that? も同じ意味。優しい口調で言うことが大切です。

7 **Could you** write it down here?
　❶ write down は「書きとめる」を意味します。

8 **I'm afraid I can't** say it in English.

9 Just a moment, please. **I'll** get a translator for you.

UNIT 5 謝る

中座する、遅れる、話に割り込むときのフレーズや待たせた、役に立てなかった、ミスをした、迷惑をかけたなど、自分の行為に関する謝罪のフレーズ、反省を伝えるフレーズを心をこめて言えるようになりましょう。

- □1 ちょっと失礼いたします。 ▶ Excuse me ～.

- □2 遅れてしまい、申し訳ございません。 ▶ Sorry to ～.

- □3 お話し中、お邪魔いたします。 ▶ Excuse ～.

- □4 お待たせして申し訳ございません。 ▶ Sorry to ～.

- □5 お役に立てず、誠に申し訳ございません。 ▶ I'm really ～.

- □6 私どものミスを謝罪させていただきます。 ▶ I apologize ～.

- □7 ご迷惑をおかけしたことをお詫びいたします。 ▶ Please ～.

- □8 これからはより一層気をつけます。 ▶ We'll be ～.

😊 お客様
- □9 気にしないでください。 ▶ Never _____.

接客英会話のカギ

Excuse me.は少しカジュアルです。ミスをしてしまった場合は、I'm really sorry ～.や I apologize for ～.が丁寧な謝罪表現です。西洋が訴訟社会とはいえ、謝罪は不要と誤解しないように。We'll be more careful in the future.（これからはより一層気をつけます）を言うことが大切です。

🎧 CD1 06

1 Excuse me for a minute.
❶ 中座する場合のフレーズです。

2 Sorry to be late.
❶ 遅れた場合のフレーズですが、I'm sorry to be late.の方が丁寧です。

3 Excuse me for interrupting.
❶ 話に割り込む場合のフレーズ。interruptは「邪魔をする」です。

4 Sorry to keep you waiting.
❶ 待たせた場合のフレーズです。待たせた時間が短ければThank you for waiting.でOK。

5 I'm really sorry we couldn't help you.
❶ 役に立たなかった場合のフレーズです。

6 I apologize for our mistake.
❶ 失敗を認めるフレーズです。自分がミスをした場合はI'm sorry I made a mistake.を。

7 Please accept our apologies for the inconvenience.

8 We'll be more careful in the future.
❶ more carefulは「より注意深く」です。

CUSTOMER
9 Never mind. That's all right.
❶ 謝罪したときにお客様からよく返されるフレーズです。

第1章 接客英会話の基本

UNIT 6 あいづちとお役立ち表現①

会話や言葉が続かず困ったときなどに使えるあいづち表現、お礼への返答、承諾する、感嘆する、ご案内する、よく使える「お先にどうぞ」などといった簡単でさりげない表現を自然に言えるようになりましょう。

☐ 1　なるほど。　　　　　　　　　　　▶ I ___.

☐ 2　え〜っとあの。そうですね。　　　　▶ let __ ___.

☐ 3　かしこまりました。　　　　　　　　▶ C_____.

☐ 4　どういたしまして。　　　　　　　　▶ You're 〜.

☐ 5　どういたしまして。　　　　　　　　▶ It's 〜.

☐ 6　それはすごいですね。　　　　　　　▶ That sounds 〜.

☐ 7　ちょうど良いときに良い場所にお越しになりました！　　▶ You've come 〜.

☐ 8　ご案内させていただきます。　　　　▶ Please let 〜.

☐ 9　お先にどうぞ。　　　　　　　　　　▶ After 〜.

接客英会話のカギ

あいづちを打つことによって会話の流れが自然になります。このユニットでは特に、You've come to the right place at the right time!（ちょうど良いときに良い場所にお越しになりました！）を使いこなせるようになるよう、練習しましょう。商品が入荷したばかりとか、バーゲンが始まったばかりだとお客様の気分が良くなります。

CD1 07

第1章 接客英会話の基本

1 **I see.**
   ❶ 苦情を聞く際のYes.の連発は相手に同意していることになるので注意しましょう。

2 **Well, let me see.**
   ❶ 言葉がすぐに浮かばない場合に使います。

3 **Certainly.**
   ❶ OK.の方がカジュアルです。

4 **You're welcome.**
   ❶ Thank you.とお礼を言われたら返す言葉です。

5 **It's my pleasure.**
   ❶ Thank you.とお礼を言われたら返す言葉ですが、You're welcome.より丁寧です。

6 **That sounds great.**
   ❶ Sounds great.の方が口語的です。

7 **You've come to the right place at the right time!**

8 **Please let me show you.**

9 **After you.**
   ❶ 例えば、エレベーターに先に乗っていただく場合に使います。

25

UNIT 7 あいづちとお役立ち表現②

選択をほめる、他に必要なものを聞く、優しさに感謝する、前を通る際に断る、会員になることを勧める、写真の構図の希望をたずねるなど、お客様に対する細やかな表現を覚えましょう。また、チップを断る、会社の方針だと伝えるフレーズなども大切です。

□1 良い選択ですね！ ▶ That's ~.

□2 他に何かご入用の品はございませんか。 ▶ Is there ~?

□3 思いやりをありがとうございます。 ▶ Thank you ~.

□4 日本ではチップを受け取りません。 ▶ We don't ~.

□5 それは店の方針なのです。 ▶ It's ~.

□6 少々お待ちください。 ▶ I'll ~.

□7 すみませんが、前を通らせていただいてもよろしいですか。 ▶ Excuse me, ~?

□8 会員カードをお作りいたしますか。 ▶ Would you ~?

□9 どのような写真がよろしいですか。 ▶ How ~?

接客英会話のカギ

感謝の気持ちを伝えたいときには Thank you for your thoughtfulness.（思いやりをありがとうございます）と。Would you like a cup of coffee?（コーヒーはいかがですか）は言えても、「Would you like ～?」の応用は言えない人が多いです。It's our store policy.（それは店の方針です）はお断りの理由を説明する時に便利な表現です。

CD1 08

第1章 接客英会話の基本

1. **That's** a good choice!
   - お客様が選んだ物が素晴らしいことを伝えるフレーズです。

2. **Is there** anything else?

3. **Thank you** for your thoughtfulness.
   - 「思いやり」はthoughtfulnessです。

4. **We don't** accept tips in Japan.
   - acceptは「受け取る」を意味します。

5. **It's** our store policy.

6. **I'll** be right with you.
   - 声をかけられてすぐに行ける場合に使いましょう。Waitは少し高圧的です。

7. **Excuse me,** but may I go ahead of you?

8. **Would you** like a membership card?
   - would you likeはdo you wantの丁寧な表現です。

9. **How** would you like your picture?
   - レストランなどで写真撮影を頼まれた際に。撮影禁止の場合はP.174の7を参考に。

UNIT 8 雑談を交わす①

天気や子供の話、来店の有無、来日の目的、日本の感想など、お客様との距離を縮めるための話題に関するフレーズを覚えましょう。

□ 1 とてもいいお天気ですね。 ▶ It's ~.

□ 2 雨が降りそうです。 ▶ It looks ~.

□ 3 当店にいらっしゃるのは初めてですか。 ▶ Is this ~?

□ 4 本当にかわいい息子さんですね。 ▶ He's ~.

□ 5 お利口さんですね！ ▶ You're ~.

□ 6 観光とお仕事、どちらで来られていますか。 ▶ Are you ~?

お客様
□ 7 仕事で来ています。 ▶ I'm here ~.

□ 8 今日はお仕事はお休みですか。 ▶ Is today ~?

□ 9 日本はいかがですか。 ▶ How do ~?

接客英会話のカギ

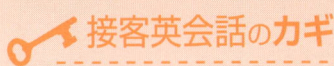

ごく簡単な会話から入り、お客様に親しみを感じてもらいましょう。天気の話題は一番無難です。また、子供連れの場合は、子供をほめることで親は喜び、子供も買い物の邪魔をしなくなります。子供の機嫌で購買意欲が左右されることがあることも心に留めておきましょう。

CD1 09

第1章 接客英会話の基本

1. **It's a beautiful day, isn't it?**
   - beautifulをhot（暑い）、cold（寒い）、windy（風が強い）などに入れ換え自由自在。

2. **It looks like rain.**
   - Do you have an umbrella?（傘をお持ちですか）と気使う心も大切です。

3. **Is this your first visit to our store?**
   - our storeを入れ換えて、Is this your first visit to Japan? なども使えます。

4. **He's really cute.**
   - Is he/she your child?（あなたのお子さんですか）と聞いたあとで続けると良いです。

5. **You're a good boy!**
   - 女の子の場合はYou're a good girl!です。

6. **Are you here for sightseeing or on business?**
   - for sightseeingは「観光で」、on businessは「商用で」を意味します。

CUSTOMER

7. **I'm here on business.**

8. **Is today your day off?**

9. **How do you like Japan?**

UNIT 9 雑談を交わす②

日本での滞在予定期間・在住期間や出身地をたずねる、相手の国への興味を伝える、相手との共通点を見つける、日本観光のアドバイスを申し出る、相手の楽しい日本滞在を願うといったフレーズを覚えましょう。

□1	日本にはどれくらい滞在のご予定ですか。	▶ How long ～?
□2	日本にはどれくらいお住まいですか。	▶ How long ～?
□3	どちらのご出身ですか。	▶ Where ～?
□4	私は人々が優しいあなたの国にとても興味があります。	▶ I'm ～.
□5	どこかで会ったような気がします。	▶ I feel ～.
□6	私達には何か共通点があるように思います。	▶ I feel ～.
□7	日本での楽しみ方を知りたければ聞いてください。	▶ Please ask ～.
□8	良いお店や観光地をお勧めできますよ。	▶ I can recommend ～.
□9	日本でのご滞在を楽しまれますように。	▶ I hope ～.

接客英会話の**カギ**

相手に興味を示すこと、相手の国をほめることは親近感をいだいてもらえるので会話が弾みます。お客様に良い気分を味わってもらうことは接客の基本です。I feel we have something in common.（私達には何か共通点があるように思います）は共感を示す良いフレーズです。

CD1 10

1 **How long** are you going to stay in Japan?

2 **How long** have you been living in Japan?

3 **Where** are you from?

4 **I'm** very interested in your country, because the people are so kind.

5 **I feel** I've met you somewhere before.
❶ 親近感をもってもらえる表現です。

6 **I feel** we have something in common.
❶ have something in commonで「何か共通点を持つ」です。

7 **Please ask** me if you want to know about interesting things to do in Japan.

8 **I can recommend** some good shops and sightseeing places.
❶「観光地」はsightseeing placeです。

9 **I hope** you have a nice stay in Japan.

UNIT 10 レジでのお会計 ①

レジの場所の示し方、支払方法、クレジットカードの対処方法に関するフレーズを学びましょう。

□1 向こう側のレジでお支払いください。　▶ Please ~.

□2 現金ですか、カードですか。　▶ Will that be ~?

お客様
□3 クレジットカードを使ってもいいですか。　▶ Can I ~?

□4 もちろんです。主要カードはすべてご利用いただけます。　▶ We take ~.

□5 カードをお預かりしてもよろしいですか。　▶ May I ~?

□6 何回のお支払いになさいますか。　▶ In how many installments ~?

□7 こちらにサインしてくださいますか。　▶ Could you ~?

□8 暗証番号をご入力ください。　▶ Could you ~?

□9 カードのお返しとレシートでございます。　▶ Here's ~.

接客英会話のカギ

カードのお預かりとカードのお返しの確認は特にきっちりしましょう。そして必ず明細を見せてからサインをいただくようにしましょう。

CD1 11

1. **Please** pay at the cash register over there.
   - レジは和製英語。英語だと cash register です。checkout counter とも言います。

2. **Will that be** cash or charge?
   - 簡単に Cash or charge? でも OK です。

CUSTOMER

3. **Can I** use a credit card?

4. **Certainly. We take** all major credit cards.
   - take は「受け付ける」を意味します。

5. **May I** have your card, please?
   - 「お預かりする」を borrow と間違えないようにしましょう。

6. **In how many installments** do you want to pay?
   - installment は「分割」を意味します。

7. **Could you** sign here, please?

8. **Could you** enter your personal identification number?
   - personal identification number の略は PIN number です。

9. **Here's** your card and a receipt.

第1章 接客英会話の基本

UNIT 11 レジでのお会計②

クレジットカードが機械を通らない、エラーが表示される、裏にサインのないカードは受け付けない、別のカードの提示を求める、カードの使用を認めないなどカード払いに関するフレーズと共に、外貨両替に関するフレーズも覚えましょう。

☐1	あなたのクレジットカードは機械を通りません。	▶ This machine won't ~.
☐2	エラーメッセージが、画面に表示されました。	▶ An error message ~.
☐3	裏にサインがないカードは受け付けておりません。	▶ We cannot ~.
☐4	別のカードをお持ちですか。	▶ Do you ~?
☐5	現金のみ受け付けます。クレジットカードは受け付けておりません。	▶ We only ~.

お客様
☐6	私は日本円を持ち合わせていません。	▶ I don't ~.

お客様
☐7	為替レートはいくらですか。	▶ What's ~?
☐8	申し訳ございませんが、外貨は取扱いしておりません。	▶ We're sorry, but ~.
☐9	向かいの銀行で両替をしてくださいませんか。	▶ Could you ~?

🔑 接客英会話のカギ

日本ではカードの裏にサインがないと使えない場合があります。海外ではそれほど厳しくないようです。Why? と聞かれたら、It's the credit card company's policy.（クレジットカード会社の方針です）と説明するのが良いでしょう。

CD1 12

第1章 接客英会話の基本

1 **This machine won't accept your card.**
   ❶ accept は「認める」を意味します。Your card has been declined. は少しきついです。

2 **An error message has come up.**
   ❶ come up は「（情報が）画面に出る」を意味します。

3 **We cannot accept a card without a signature on the back.**
   ❶ signature は「サイン・署名」を意味します。signature の代わりに sign は×です。

4 **Do you have another card?**
   ❶ another card は「別のカード」を意味します。

5 **We only accept cash. We cannot accept credit cards.**
   ❶ accept は「受け付ける」です。

CUSTOMER
6 **I don't have the cash in Japanese yen.**
   ❶ have the cash は「現金を持ち合わせる」を意味します。

CUSTOMER
7 **What's the exchange rate?**
   ❶ exchange rate は「為替レート」を意味します。

8 **We're sorry, but we don't accept foreign currency.**
   ❶ foreign currency は「外貨」を意味します。

9 **Could you change some money at the bank across the street?**
   ❶ across the street は「道路を隔てて向かい側」を意味します。

UNIT 12 レジでのお会計③

トラベラーズチェックの対処方法や領収書の書き方に関するフレーズ、免税処理ができない場合の対処フレーズを覚えましょう。

お客様
- [ ] 1 トラベラーズチェックは使えますか。 ▶ Can I ~?

- [ ] 2 身分証明書を見せていただけますか。 ▶ Could you ~?

お客様
- [ ] 3 これが私のパスポートです。 ▶ Here's ~.

- [ ] 4 領収書のお名前は何にいたしましょうか。 ▶ What name ~?

- [ ] 5 この紙にお名前を書いてくださいませんか。 ▶ Could you ~?

お客様
- [ ] 6 会社の名前はニューヨークトレーディングでお願いします。 ▶ Could I ~?

- [ ] 7 免税処理はいたしません。 ▶ We don't ~.

- [ ] 8 レシートを保管してください。 ▶ Please ~.

- [ ] 9 空港の税関で申請できます。 ▶ You can ~.

接客英会話のカギ

仕事で日本に滞在中、または商用で日本へ出張している外国人は会社に経費申請するために、official receipt（正式な領収書）が必要です。聞き取れるリスニング力がつけば良いのですが、難しい場合はCould you write down the name on this paper, please?（この紙にお名前を書いてくださいませんか）と頼みましょう。

CD1 13

CUSTOMER

1　Can I use a traveler's check?

2　Could you show me your ID?

CUSTOMER

3　Here's my passport.

4　What name would you like on the receipt?
   ❶ I need a receipt.（領収書が必要です）と求められたら、名前を聞きましょう。

5　Could you write down the name on this paper, please?

CUSTOMER

6　Could I have New York Trading as the company's name, please?

7　We don't offer tax exemption services.
   ❶ offer tax exemption servicesは「免税処理をする」を意味します。

8　Please keep your receipt.
   ❶ keepは「保管する」です。

9　You can apply for it at airport customs.
   ❶ custom（習慣）とまぎらわしいので注意。customs（税関）のsが大切。airport customsをthe service counter（サービスカウンター）などに入れ換え可能。

第1章　接客英会話の基本

UNIT 13 レジでのお会計 ④

お客様が日本円で支払われる場合の対処フレーズです。金額の伝え方、おつりのない金額を受領した場合の答え方、おつりの渡し方、細かいお札のリクエストの仕方を覚えましょう。

🧑 お客様

- [ ] 1 合計でいくらになりますか。 ▶ What's ~?

- [ ] 2 税込で7500円になります。 ▶ The total comes ~.

- [ ] 3 10%割引後の価格が7500円になります。 ▶ It's ~.

- [ ] 4 これは消費税を含みます。 ▶ It includes ~.

- [ ] 5 ちょうど頂きました。 ▶ I've got ~.

- [ ] 6 1万円お預かりいたします。 ▶ Out of ~.

- [ ] 7 すみませんが、細かいお札をお持ちではありませんか。 ▶ Excuse me, but ~?

- [ ] 8 こちらがおつりの2505円でございます。 ▶ Here's ~.

- [ ] 9 おつりは2千円と505円です。 ▶ Your change is ~.

接客英会話のカギ

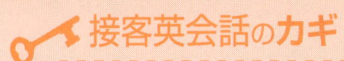

「税込で」は with tax、「〜％割引後」は with the 〜％ discount、お預かりした金額を out of 〜 yen（〜円から）としっかり言えるようになりましょう。

CD1 14

🙂 CUSTOMER

1　**What's the total?**

2　**The total comes to 7,500 yen with tax.**
  ❶「税込で」は with tax で表します。「The total is 金額」でもOKです。

3　**It's 7,500 yen with the 10 % discount.**
  ❶ with the 〜 % discount は「〜％割引後」を意味します。

4　**It includes consumption tax.**
  ❶ consumption tax は「消費税」を意味します。

5　**I've got the exact amount.**
  ❶ exact amount は「おつりのいらない正確な金額」を意味します。

6　**Out of 10,000 yen…**

7　**Excuse me, but do you have any small bills?**
  ❶ small bill は「（金額の）小さいお札」、small coin は「小銭」です。

8　**Here's your change, 2,505 yen.**

9　**Your change is two thousand, five hundred and five yen.**
  ❶ 大きなお札から見せましょう。

UNIT 14 レジでのお会計⑤

お買い上げの商品を渡す際のフレーズ、おつりが足らない、過剰請求などと苦情がでた場合の対応フレーズ、別々に支払うかたずねるフレーズを覚えましょう。

□1 こちらがお買い上げの商品です。　▶ Here's 〜.

お客様
□2 おつりが足りません。　▶ I'm afraid 〜.

□3 小銭で申し訳ございません。　▶ I'm sorry 〜.

□4 もう一度ご確認ください。　▶ Please 〜.

お客様
□5 私は過剰請求されていると思います。　▶ I think 〜.

□6 請求書をじっくりご覧ください。　▶ Please 〜.

□7 すべては項目別に書かれています。　▶ Everything is 〜.

□8 別々にお支払いになりたいですか。　▶ Would you 〜?

□9 税金とサービス料金が含まれています。　▶ The tax and 〜.

接客英会話のカギ

外国のお客様はわからないことはその場で質問されます。使い慣れない日本円でお買い物をされる場合、お客様のおつりの数え間違いもあります。Please check them again.（もう一度ご確認ください）と優しい口調でお願いしましょう。

CD1 15

第1章 接客英会話の基本

1. **Here's** your purchase.
   - ❶「どうぞ」を意味するHere you are. と言って商品を渡してもOKです。

CUSTOMER
2. **I'm afraid** I was shortchanged.
   - ❶ be shortchangedは「おつりが足らない」を意味します。

3. **I'm sorry** for the small coins.
   - ❶ small coinは「小銭」を意味します。

4. **Please** check them again.

CUSTOMER
5. **I think** I've been overcharged.
   - ❶ over（過度に）+charge（請求する）＝overcharge（過度に請求する）となります。

6. **Please** look at the bill carefully.
   - ❶ billは「請求書」を意味します。

7. **Everything is** itemized.
   - ❶ item（項目）+ize（動詞を作る接尾辞）＝itemize（項目別に分ける）となります。

8. **Would you** like to pay separately?
   - ❶ Separate checks? でもOK。レストランでよく使われるフレーズです。

9. **The tax and** service charges are included.
   - ❶「サービス料金」はservice chargesです。

UNIT 15 レジでのお会計（ダイアローグ編）

クレジットカードの期限が切れているので別のカードの提示を求めるシーン、請求金額が間違っていることを指摘され修正するシーン、おつりの金額が足らなかったのでお返しするシーン、商品券は使えるがおつりは出ないと説明するシーンです。

シーン1

□1 あなたのクレジットカードは期限が切れています。 ▶ Your credit card ~.

お客様
□2 すみません。そうとは知りませんでした。 ▶ I'm sorry, but ~.

□3 別のカードを持っていますか。 ▶ Do you ~?

シーン2

お客様
□4 請求書が間違っています。私は帽子を購入しませんでしたよ。 ▶ There's ~.

□5 すみません。すぐに修正いたします。 ▶ I'll correct ~.

シーン3

お客様
□6 おつりが違います。50円足りません。 ▶ I don't think ~.

□7 調べさせてください。すみません。50円お返しいたします。 ▶ Let me ~.

シーン4

お客様
□8 この商品券は使えますか。 ▶ Can I ~?

□9 はい。しかし、この商品券のおつりは出ませんよ。 ▶ Yes, but ~.

接客英会話のカギ

日本人はRの発音が苦手です。correct（修正する）をcollect（集める）と発音しないようにしましょう。またレストランではrice（米）をlice（シラミ）と発音しないように。（P65の8番フレーズ参照）

CD1 16

1. **Your credit card is expired.**
   - be expiredは「期限が切れる」を意味します。

CUSTOMER
2. **I'm sorry, but I didn't know that.**

3. **Do you have another card?**
   - anotherは「別の」を意味します。

CUSTOMER
4. **There's a mistake on the bill. I didn't buy a cap.**
   - billは「請求書」を意味します。

5. **I'm sorry about that. I'll correct it right away.**
   - correct（修正する）を間違えてcollect（集める）と発音しないように。

CUSTOMER
6. **I don't think I've got the right change. I'm short by 50 yen.**
   - be short by 〜 yen は「〜円足りない」を意味します。

7. **Let me check. I'm sorry. I'll give you 50 yen back.**
   - give backは「返す」を意味します

CUSTOMER
8. **Can I use this gift certificate?**
   - gift certificateは「商品券」を意味します。

9. **Yes, but you can't get change from it.**
   - change（おつり）は不可算名詞です。

第1章 接客英会話の基本

UNIT 16 電話対応①

店外からの電話を受ける、電話を転送する、用件や名前をたずねる・伝える、相手に待ってもらうフレーズなどを覚えましょう。

☐ 1　もしもし、こちらABCブックストアの清水マサキでございます。　▶ this is 〜.

☐ 2　ご用件をおうかがいします。　▶ How 〜?

☐ 3　どちら様ですか。　▶ May I ask 〜?

お客様
☐ 4　XYZトラベルのポール・グリーンです。　▶ This is 〜.

お客様
☐ 5　マーク・スミスの「Japan」があるか、おうかがいの電話をしています。　▶ I'm calling to 〜.

☐ 6　担当者にお電話を転送いたします。　▶ I'll transfer 〜.

☐ 7　しばらくお待ちください。　▶ Please 〜.

☐ 8　洋書部の田中正美です。　▶ This is 〜.

☐ 9　「Japan」がございます。お取り置きいたしましょうか。　▶ We have 〜.

接客英会話のカギ

英語での電話対応の出だしだけを暗記している場合、その部分だけを早口で話してしまうことがあります。焦らずゆっくり話すことがきちんと伝えるための一番の方法です。

CD1 17

1. **Hello, this is** ABC Book Store. This is Masaki Shimizu speaking.
   - 店外からの電話を受ける場合は、「挨拶＋店の名前＋自分の名前＋speaking」です。

2. **How** can I help you?
   - canでもmayでもOKです。

3. **May I ask** who is calling?
   - Who is speaking? はぶっきらぼうです。

CUSTOMER
4. **This is** Paul Green from XYZ Travel.
   - 電話をかけた場合のあいさつは、「This is 人の名前（＋from 会社名）」です。

CUSTOMER
5. **I'm calling to** ask if you have "Japan" by Mark Smith.
   - 電話で用件を伝える「I'm calling to 用件」の形をしっかり覚えましょう。

6. **I'll transfer** your call to the person in charge.
   - transfer one's call to ~（~に電話を転送する）、person in charge（担当者）です。

7. **Please** hold on a moment.
   - 電話を取り次ぐ間待ってもらうフレーズ。hang onだとカジュアルです。

8. **This is** Masami Tanaka in the foreign book section.
   - 「洋書部」はforeign book sectionです。

9. **We have** "Japan". Shall we keep it for you?

第1章 接客英会話の基本

UNIT 17 電話対応②

電話を終わらせる、電話をつなぐことができない、折り返し電話する、電話で用件を残す・受ける、電話が聞き取りにくい、後から電話する場合のフレーズを覚えましょう。

😀 お客様

□ 1 はい、明日取りに行きます。 ▶ I'll ～.

□ 2 連絡先の番号をおうかがいできますか。 ▶ May I ask ～?

□ 3 お電話ありがとうございます。 ▶ Thank you for ～.

□ 4 彼女はただ今電話に出られません。 ▶ I'm afraid ～.

□ 5 彼女に折り返し電話させましょうか。 ▶ Shall I ～?

😀 お客様

□ 6 伝言をお願いできますか。 ▶ Can I ～?

□ 7 ご伝言を承りましょうか。 ▶ Can I ～?

□ 8 もう少し大きな声で話してくださいませんか。 ▶ Could you ～?

□ 9 後ほどお電話させていただきます。 ▶ I'll ～.

接客英会話の**カギ**

I'm afraid she/he is not available.（彼女/彼は電話に出られません）を使いこなせるようになりましょう。電話に出られない具体的な理由は、相手が聞いてこなければ答える必要はありません。I'm afraid 〜 . は相手に言いにくいことを伝える重要フレーズです。

CD1 18

CUSTOMER

1. **Yes, I'll pick it up tomorrow.**
   - pick upは「受け取りに行く」を意味します。

2. **May I ask your contact number?**
   - contact numberは「連絡先の番号」です。phone numberでもOKです。

3. **Thank you for calling.**

4. **I'm afraid she is not available right now.**
   - availableは「出られる」です。

5. **Shall I have her call you back?**
   - 「have +人+動詞の原形」は「人に〜してもらう」を意味します。

CUSTOMER

6. **Can I leave a message?**
   - leave a messageは「伝言を残す」を意味します。

7. **Can I take a message?**
   - take a messageは"メッセージを取る"なので「伝言を承る」を意味します。

8. **Could you speak up a little?**
   - speak up a littleで「もう少し大きな声で話す」を意味します。

9. **I'll call you back later.**
   - call backは「電話をかけ直す」を意味します。

第1章 接客英会話の基本

UNIT 18 お客様を見送る

来店のお礼を伝える、忘れ物を確認する、次の来店を希望する、お客様を出口まで見送る、お客様が楽しく過ごすことや気をつけて帰ることを願うフレーズを言えるようになりましょう。

☐ 1　ご来店ありがとうございました。　　▶ Thank you ～.

☐ 2　お忘れ物はございませんか。　　▶ Do you ～?

☐ 3　これはどなたの傘ですか。　　▶ Whose ～?

☐ 4　すみません、傘をお忘れです。　　▶ You've ～.

☐ 5　楽しい1日をお過ごしください。　　▶ Have ～.

☐ 6　楽しい夕べをお楽しみください。　　▶ Have ～.

☐ 7　またのご来店を楽しみにしております。　　▶ We look forward to ～.

☐ 8　閉店しておりますので、出口までお連れします。　　▶ I'll show ～.

☐ 9　お気をつけてお帰り下さい。　　▶ Take care ～.

接客英会話のカギ

あなたが外国にいてお店が閉店してしまった場合、不安になりますね。同様に、日本にいる外国のお客様も不安になられます。お客様をI'll show you the way to the exit.（出口までお連れします）とご案内する優しさが大切です。

CD1 19

1 **Thank you** for using our store.
   ❶ お買い物をしてくださった場合はusing our storeをshopping with usに。

2 **Do you** have everything?
   ❶ Please make sure you haven't left anything behind. はより丁寧に確認するフレーズ。

3 **Whose** umbrella is this?

4 Sir, wait a minute. **You've** left your umbrella here.
   ❶ 女性の場合はMa'amと呼びかけます。

5 **Have** a nice day.
   ❶ 午前中から夕方にかけて使います。

6 **Have** a nice evening.
   ❶ 4時以降に使います。eveningをweekend（週末）、holiday（休日）に入れ換え応用可。

7 **We look forward to** serving you again.
   ❶ Hope to see you again. よりも丁寧な表現です。

8 We are now closed. **I'll show** you the way to the exit.

9 **Take care** on your way back.
   ❶ この場合は、Be careful（注意してください）では×です。

すぐに使えるポップフレーズ①

Customers only お客様専用	**OPENING HOURS 9 AM to 7 PM** 営業時間は午前9時から午後7時です
No currency exchange (外貨)両替不可	**Cash only** お支払は現金のみです
No tipping please チップは不要です	**Display item** 展示品
Tuesday is our half-price day. 火曜日は半額の日です。	**Special price until stock runs out!** 在庫限りの特別ご奉仕です!

We can't exchange money.

第2章

飲食店

日本の食文化は海外でも人気があります。接客の基本としての丁寧な対応フレーズを覚えるのはもちろんですが、日本食について説明する簡単なフレーズも言えるように練習しましょう。

CDトラック

UNIT19 (CD1 Track20)
▼
UNIT39 (CD1 Track40)

UNIT 19

飲食店の基本 ①
〜予約のお客様に対する応対〜

予約のお客様に対して、席の好みを聞く、空席の状況を説明する、名前を確認するフレーズを覚えましょう。

🧑 お客様
☐ 1　今晩6時に5人で予約したいのですが。　　▶ I'd like to 〜.

☐ 2　喫煙席と禁煙席のどちらがよろしいですか。　　▶ Would you like 〜?

☐ 3　申し訳ございませんが、6時には禁煙席は空いておりません。　　▶ I'm sorry, but 〜.

☐ 4　あいにく6時は満席でございます。　　▶ I'm sorry, but 〜.

☐ 5　7時ならテーブルをご用意できます。　　▶ We have 〜.

🧑 お客様
☐ 6　見晴らしの良い席を予約したいのですが。　　▶ I'd 〜.

☐ 7　窓際の席がよろしいですか。　　▶ Would you like to 〜?

🧑 お客様
☐ 8　7時に参ります。　　▶ We'll 〜.

☐ 9　お名前をおうかがいしてもよろしいですか。　　▶ May I 〜?

52

接客英会話のカギ

お客様の希望された日時が満席の場合に、We have a table available at 7.（7時ならテーブルをご用意できます）のように、別の日時を提案できるようにしましょう。一期一会の精神を大切に、お客様に丁寧に応対しましょう。

CD1 20

CUSTOMER

1　**I'd like to** make a reservation for 5 at 6 tonight.
   - 「make a reservation for 人数 at 時刻指定」はレストランを予約するときの基本表現。

2　**Would you like** a smoking table or a non-smoking table?
   - a smoking以下をa table or the counter（テーブルとカウンター）に交換可。

3　**I'm sorry, but** there's no non-smoking table available at 6.
   - availableは「利用できる」を意味し、後ろから名詞を修飾できます。

4　**I'm sorry, but** we're fully booked for 6.
   - 「be fully booked for 時刻」は「～時は満席です」を意味します。

5　**We have** a table available at 7.
   - have a table availableは「テーブルが利用できる」を意味します。

CUSTOMER

6　**I'd like to** reserve a seat with a view.
   - seat with a viewは「見晴らしの良い席」です。

7　**Would you like to** sit by the window?
   - sit by the windowは「窓際に座る」です。

CUSTOMER

8　**We'll** come at 7.

9　**May I** have your name?

第2章　飲食店

UNIT 20

飲食店の基本②
～予約ができない場合や制限つきのご案内～

お店が貸切である、予約を受け付けない、ご来店順の受付、全席禁煙、喫煙席のみ空いている、閉店時間が迫っている、限定メニューしかないといった場合のフレーズを覚えましょう。

☐ 1　本日レストランはパーティーのため貸切です。　▶ The whole ～.

☐ 2　ご来店順になっております。　▶ It's on ～.

☐ 3　カウンターは予約を承っておりません。　▶ We don't ～.

😊 お客様
☐ 4　喫煙席に座りたいのですが。　▶ We'd like ～.

☐ 5　すみません、全席禁煙になっております。　▶ Sorry, ～.

☐ 6　禁煙席ならご用意できます。　▶ We only ～.

☐ 7　カウンターでもよろしければ、すぐにご案内できるのですが。　▶ If you don't mind, ～.

☐ 8　40分後に閉店いたしますがよろしいですか。　▶ We're closing ～.

☐ 9　ただ今、限られたメニューしかございません。　▶ We have ～.

接客英会話の**カギ**

閉店時間が迫っているのに入店して、限定メニューしかない場合は苦情が来ても当然です。We have only a limited menu right now.（ただ今、限られたメニューしかございません）のようにその旨をはっきり伝えましょう。

🎧 CD1 21

1 The whole restaurant is reserved for a party tonight.
❶ the whole restaurantは「レストラン全体」。for a partyなど理由があると好印象です。

2 It's on a first-come-first-served basis.
❶ on a first-come-first-served basisは「先着順に」を意味し、幅広く応用可能です。

3 We don't take reservations for the counter.
❶ take reservationsは「予約をとる」、make reservationsは「予約をする」。

😀 CUSTOMER
4 We'd like to sit at a smoking table.
❶「喫煙席」はsmoking seatでもOKです。

5 Sorry, all the seats are non-smoking.

6 We only have non-smoking seats available.
❶ Only non-smoking tables are available. でもOKです。

7 If you don't mind the counter, we can seat you straight away.
❶ mindは「気にする」を意味します。

8 We're closing in 40 minutes. Is that all right?
❶ in 40 minutesは「40分後に」。inの代わりにafterは×。確実な未来は進行形で表現。

9 We have only a limited menu right now.
❶ limited menuは「限られたメニュー」です。

第2章 飲食店

55

UNIT 21

飲食店の基本 ③
～満席のときに待ってもらう～

お客様が来店されて店内が満席だった場合に、待ち時間を告げる、ウェイティングリストに記入してもらう、並んでもらう、座って待ってもらう、相席を提案するといった場合のフレーズを覚えましょう。

☐ 1　すみませんが、ただ今満席になっております。　　▶ I'm sorry, but ～.

😊 お客様
☐ 2　待ち時間はどれくらいですか。　　▶ How long ～?

☐ 3　10分ほどお待ちいただけますか。　　▶ Could you ～?

☐ 4　ウェイティングリストにお名前をご記入ください。　　▶ Please ～.

☐ 5　テーブルが空くまで並んでお待ちいただけますか。　　▶ Would you please ～?

☐ 6　お名前をお呼びするまでそちらにかけてお待ちください。　　▶ Please ～.

☐ 7　ご相席でもよろしいですか。　　▶ Would it be OK to ～?

😊 お客様
☐ 8　あちら様がよろしければOKです。　　▶ If they don't ～.

😊 お客様
☐ 9　いいえ、テーブルが空くまで待たせていただきます。　　▶ No, I'll ～.

接客英会話のカギ

並んで待ってもらう表現、Would you please wait in line?（並んでお待ちいただけますか）は、万国共通で交通機関や施設が混んでいるときにも使える便利な表現です。相席をお勧めするのもOKですが、相席の文化がない国もあることを覚えておきましょう。

CD1 22

1 **I'm sorry, but** we're full up right now.
❶ be full upは「満席である」を意味します。

CUSTOMER
2 **How long** is the wait?
❶ waitは「待つ時間」です。

3 **Could you** wait for about 10 minutes?

4 **Please** write in your name on the waiting list.
❶ write inは「書き込む」を意味します。

5 **Would you please** wait in line until a table is free?
❶ wait in lineは「並んで待つ」を意味します。

6 **Please** take a seat until your name is called.
❶「腰かける」は take a seat。have a seatは○ですがsit downは高圧的になるので×。

7 **Would it be OK to** share a table with someone else?
❶ share a tableは「相席する」を意味します。

CUSTOMER
8 **If they don't** mind, I'm fine.
❶ mindは「気にする」を意味します。

CUSTOMER
9 **No, I'll** wait for a table.
❶ wait for a tableは「テーブルが空くのを待つ」を意味します。

第2章 飲食店

UNIT 22

飲食店の基本④
～席に案内する～

予約を確認する、テーブルの用意ができていることを伝える、手荷物を預かる・預からない、好きな席に座ってもらう、予約席に座ってしまったお客様へ声をかけるといったフレーズを覚えましょう。

☐ 1　ご予約はされていますか。　　　▶ Do you ～?

お客様
☐ 2　7時にグリーンの名前で予約しています。　　　▶ We have ～.

☐ 3　いらっしゃいませ！　テーブルをご用意しております。　　　▶ We have ～.

☐ 4　すぐにお席をご用意します。　　　▶ I'll ～.

☐ 5　コートをお預かりしましょうか。　　　▶ May I ～?

☐ 6　クロークはございませんので、手荷物はご自分でお持ちください。　　　▶ We don't ～.

☐ 7　お好きな席へどうぞ。　　　▶ Please take ～.

☐ 8　こちらは予約席になっております。　　　▶ I'm sorry, but ～.

☐ 9　別の席にお座りいただけますか。　　　▶ Could you ～?

接客英会話のカギ

予約をしていないのに予約席に座ろうとするお客様に、他の席に座ってもらうようお願いをする場合は丁寧に依頼しましょう。そのようなことが起こらないように「Reserved table（予約席）」とプレートを掲げておくことが大切です。

CD1 23

1. **Do you** have a reservation?
   - ❶ reservation ではなく appointment だと「（歯医者・美容院などの）予約」なので×。

CUSTOMER

2. **We have** a reservation for 7 p.m. under the name Green.
   - ❶「予約している」は have a reservation を使います。

3. Welcome! **We have** a table ready for you.
   - ❶ have a table ready は「テーブルを用意している」です。

4. **I'll** set the table for you right away.
   - ❶ set the table は「（テーブル）席を用意する」です。

5. **May I** take your coat?
   - ❶ take your coat は「コートを預かる」を意味します。

6. **We don't** have a coat check, so please take your belongings with you.
   - ❶ coat check は「クローク・一時預かり所」です。

7. **Please take** any table you like.

8. **I'm sorry, but** this table is reserved.

9. **Could you** please sit at another table?
   - ❶ another table は「別の（テーブル）席」です。

UNIT 23

飲食店の基本⑤
～注文を聞く～

席に案内する、荷物をテーブルの横に入れてもらう、おしぼりを出す、子供用のイスを持ってくる、メニューを見せる、注文を聞く、再度注文を聞きにくる場合などの応対フレーズを身につけましょう。

□1 お席へご案内いたしましょう。こちらのお席でございます。 ▶ I'll ~.

□2 お荷物はテーブル横のカゴに入れてください。 ▶ Please ~.

□3 おしぼりをどうぞ。 ▶ Here's ~.

□4 子供用のイスをお持ちします。 ▶ I'll ~.

□5 こちらがメニューです。 ▶ Here's ~.

□6 ご注文はお決まりですか。 ▶ May I ~?

お客様

□7 もう少し時間が必要です。 ▶ We ~.

□8 お決まりになりましたらお知らせください。 ▶ Please let me know ~.

□9 数分後に注文をおうかがいに戻ってまいります。 ▶ I'll be ~.

接客英会話のカギ

注文を聞くタイミングに気を配りましょう。I'll wait for you to order.（お待ちしております）は高圧的に聞こえます。Please let me know when you're ready. I'll be back in a few minutes to take your order.（お決まりになりましたら、お知らせください。数分後に注文をおうかがいに戻ってまいります）がベストです。

CD1 24

1 **I'll** show you to your table. Here's your table.

2 **Please** put your belongings into the basket next to the table.
   ❶ your belongingsは「あなたの持ち物」を意味します。

3 **Here's** your hand towel, ma'am/ sir.
   ❶ hand towelは「おしぼり」を意味します。

4 **I'll** bring a child's chair.
   ❶ bringは「持ってくる」を意味します。take（持っていく）と間違えないように。

5 **Here's** the menu.

6 **May I** take your order?
   ❶ Are you ready to order? も同じ意味です。

🙂 CUSTOMER

7 **We** need more time.

8 **Please let me know** when you're ready.
   ❶ when you're readyは「あなたの準備ができたら」という意味です。

9 **I'll be** back in a few minutes to take your order.
   ❶ I'll be back.（戻ります）はいろいろな場面で使えます。

UNIT 24

飲食店の基本⑥
~料理の注文を受ける~

本日のスペシャルメニューの紹介や売り切れの場合のフレーズ、ランチタイムやディナータイムの説明フレーズを身につけましょう。

😊 お客様
□1 今日のスペシャルは何ですか。　▶ What's ~?

□2 本日のスペシャルはプライムリブです。　▶ Today's special is ~.

😊 お客様
□3 何がお勧めですか。　▶ What ~?

□4 こちらが本日のスペシャルメニューです。　▶ This is a list of ~.

□5 こちらが一番人気のあるメニューでございます。　▶ These ~.

□6 本日のスペシャルランチは3種類です。　▶ We have ~.

□7 ディナータイムは5時から10時半までです。　▶ Our dinner time ~.

□8 申し訳ございません、本日の牛丼は売り切れです。　▶ I'm sorry, but ~.

□9 卵はどのようにいたしますか。　▶ How would you like ~?

62

接客英会話のカギ

日替わりスペシャルランチ（lunch special）はお得感がありますし、レストランのお勧め料理を食べたくなる気持ちは万国共通です。These are the most popular menu items.（こちらが一番人気のメニューです）と説明して、メニューの写真をお見せしましょう。

CD1 25

CUSTOMER
1 **What's** today's special?

2 **Today's special is** prime rib.

CUSTOMER
3 **What** would you recommend?
   ❶ recommendは「勧める」を意味します。

4 **This is a list of** today's specials.

5 **These** are the most popular menu items.

6 **We have** three lunch specials today.
   ❶ daily lunch specialは「日替わりランチスペシャル」です。

7 **Our dinner time** is from 5 to 10:30.
   ❶ dinner timeをlunch timeに入れ換えても使えます。

8 **I'm sorry, but** today's beef and rice bowl is sold out.
   ❶ be sold outは「売り切れる」を意味します。

9 **How would you like** your eggs?
   ❶ hard-boiled（固ゆで卵）、soft-boiled（半熟卵）、poached egg（落し卵）です。

第2章 飲食店

UNIT 25

飲食店の基本 ⑦
～料理の注文を受ける～

地元の特産料理の簡単な説明や量の説明、コースメニューの簡単な注文の受け方のフレーズを身につけましょう。

😊 お客様

□ 1　地元の料理は何ですか。　　　　　　　▶ What is ～?

□ 2　北海道のサケは今が旬です。　　　　　▶ Salmon from ～.

□ 3　このサラダは2人で十分な量です。　　▶ This salad is ～.

□ 4　ディナーはフルコースメニューのみです。　▶ We serve only ～.

□ 5　前菜は何になさいますか。　　　　　　▶ What would you like to ～?

□ 6　メインは何になさいますか。　　　　　▶ What would you like for ～?

□ 7　スープにサラダ、ライスとパンがついています。　▶ That comes with ～.

□ 8　パンとライス、どちらにされますか。　▶ Which ～?

□ 9　お飲み物はいかがですか。　　　　　　▶ Would you like ～?

接客英会話のカギ

お客様がアメリカ人の場合、量感が違うことが多いです。料理の量が多すぎても、少なすぎても不満を感じさせてしまいます。「This 料理名 is enough for 人数」を使いこなせるようになりましょう。We have food samples in the show case.（ショーケースにフードサンプルがあります）とお勧めするのも良いでしょう。

CD1 26

CUSTOMER

1 **What is your local specialty?**
   ❶ local specialty は「地元の料理」を意味します。

2 **Salmon from Hokkaido is in season now.**
   ❶ be in season は「旬である」を意味します。

3 **This salad is enough for two people.**
   ❶ 「料理名 is enough for 人数」という形を覚えてしまいましょう。

4 **We serve only a full-course dinner.**

5 **What would you like to have as a starter?**
   ❶ starter は「前菜」です。

6 **What would you like for the main course?**

7 **That comes with soup, salad, rice and bread.**
   ❶ That comes with ～. で「～がついてくる」という表現です。

8 **Which would you like, bread or rice?**
   ❶ rice（ライス）を間違えて lice（シラミ）と発音しないように注意。

9 **Would you like something to drink?**

第2章 飲食店

UNIT 26 飲食店の基本⑧
~料理の注文を受ける~

注文を受ける際に食物アレルギーがあるかどうか聞くフレーズや、肉の焼き加減、ドレッシングの好み、コーヒーを出すタイミングの聞き方、また注文の確認の仕方などのフレーズを覚えましょう。

| □1 | 何か食物アレルギーはお持ちですか。 | ▶ Do you ~? |

お客様
| □2 | 私は玉ねぎアレルギーです。 | ▶ I'm allergic to ~. |

| □3 | かしこまりました。オニオンスープの代わりにポテトスープをお出しします。 | ▶ We can ~. |

| □4 | ステーキの焼き加減はどうなさいますか。 | ▶ How would you like ~? |

| □5 | 何のドレッシングがお好みですか。和風、フレンチ、イタリアンがございます。 | ▶ What ~? |

| □6 | このドレッシングは醤油味です。 | ▶ This ~. |

| □7 | 豚肉は入っておりません。
注意）イスラム教徒は豚肉が入っていないことを確かめる場合が多いです。 | ▶ This food ~. |

| □8 | コーヒーはお食事と一緒にお持ちしましょうか、あとにしましょうか。 | ▶ Would you like ~? |

| □9 | ご注文を繰り返します。 | ▶ Let me repeat ~. |

接客英会話のカギ

宗教上禁じられている食材や食物アレルギーがある場合があります。Do you have any food allergies?（何か食物アレルギーはお持ちですか）やIs there anything that you can't eat?（何か食べられないものはありますか）とたずね、代わりの料理を出すとおもてなしの気持ちが伝わります。

CD1 27

1 **Do you have any food allergies?**
   - have food allergiesで「食物アレルギーを持つ」。

CUSTOMER
2 **I'm allergic to onions.**
   - be allergic to ～は「～にアレルギーである」を意味します。

3 **OK. We can serve potato soup instead of onion soup.**
   - instead of ～は「の代わりに」を意味します。

4 **How would you like your steak?**
   - steakをpastaに換えれば、ゆで加減を問う表現になります。ステーキの焼き方はrare（生焼け）、medium（ふつう）、well-done（よく焼けている）の3種類。

5 **What dressing would you like? We have Japanese, French, and Italian.**

6 **This dressing is flavored with soy sauce.**
   - dressingをsoupやsaladなど、入れ換え自由自在。

7 **This food is pork-free.**
   - oil-freeは「オイル抜きの」。sugar-freeは「無糖の」。

8 **Would you like your coffee with your meal or after?**

9 **Let me repeat your order.**

UNIT 27
飲食店の基本 ⑨
～料理を運ぶ～

料理を運んでくる、お皿が熱いので注意を促す、注文が揃ったか確認する、食事を楽しんでほしいと言う、食事中に声をかける、取り皿やパンの追加の依頼を受けるといったフレーズを身につけましょう。

☐ 1　お料理をお持ちしました。　　　　　　　▶ Here ～.

☐ 2　お皿が熱いのでお気をつけください。　　▶ The plate is ～.

☐ 3　ご注文は以上でしょうか。　　　　　　　▶ Is that ～?

☐ 4　ごゆっくりお食事をお楽しみ下さい。　　▶ Please ～.

☐ 5　いかがですか。　　　　　　　　　　　　▶ How is ～?

お客様
☐ 6　すべてがおいしいです。ありがとう。　　▶ Everything is ～.

お客様
☐ 7　このサラダを取り分けたいのですが。　　▶ We'd like ～.

お客様
☐ 8　もっとパンをいただきたいのですが。　　▶ I'd like to ～.

☐ 9　かしこまりました。すぐにお持ちします。　▶ I'll ～.

接客英会話のカギ

日本のレストランでは食事中に「お味はいかがですか？」と声をかけてくることは少ないですが、海外のレストランでは当たり前でそれもレストランの「おもてなし」の一つです。How is everything?（いかがですか）と聞いて追加注文を取るようにしましょう。

CD1 28

1 **Here** you are.
   ❶ 料理をテーブルに置くときのお決まりフレーズです。

2 **The plate is** hot, so please be careful.

3 **Is that** all for you?
   ❶ すべての料理を運び終わったら確認するお決まりフレーズです。

4 **Please** enjoy your meal.
   ❶ テーブルを離れる時のお決まりフレーズです。

5 **How is** everything?
   ❶ 食事中に声をかける時のお決まりフレーズです。

CUSTOMER
6 **Everything is** great, thank you.

CUSTOMER
7 **We'd like** to share this salad.
   ❶ share は「取り分ける」を意味します。

CUSTOMER
8 **I'd like to** have some more bread.

9 OK. **I'll** bring some right away.
   ❶ bring は「持ってくる」を意味します。

UNIT 28

飲食店の基本⑩
～料理を下げる～

追加注文を聞く、食後のデザートを勧める、ラストオーダーの時間を伝える、お皿を下げるなどの応対フレーズを覚えましょう。

□1 他に何かご注文はありませんか。　　▶ Can I get you ～?

□2 デザートメニューをご覧になられますか。　　▶ Would you like ～?

お客様
□3 デザートは結構です。ありがとう。　　▶ I'll ～.

□4 10時半でラストオーダーになります。　　▶ We stop ～.

□5 こちらのお皿はお下げしましょうか。　　▶ May I ～?

お客様
□6 まだ食べ終えていません。　　▶ I'm not ～.

お客様
□7 量が多すぎて食べきれません。家に持って帰ってもいいですか。　　▶ This meal ～.

□8 かしこまりました。残りのお料理を容器に入れさせていただきます。　　▶ I'll ～.

□9 申し訳ないのですが、当店ではお持ち帰りはお断りしております。　　▶ I'm sorry, but ～.

接客英会話のカギ

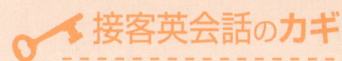

食べ残した料理を持ち帰る文化の国もあるので、Can I have a doggie bag?(お持ち帰り用の袋をいただけますか?)とお客様からリクエストされることがあります。しかし、doggie bagはお客様が使う言葉なので接客する側は使わないように。お持ち帰りがダメな場合は、It's our store policy.(店の方針です)と丁重に断りましょう。

CD1 29

1 Can I get you anything else?

2 Would you like our dessert menu?

CUSTOMER
3 I'll just skip dessert, thanks.
❶ skipは「飛ばす」を意味します。

4 We stop taking orders at 10:30.
❶ take ordersは「注文を取る」。stop ~ ingは「~するのをストップする」。

5 May I take your plates?
❶ take your plateは「お皿を持っていく」、つまり「お皿を下げる」を意味します。

CUSTOMER
6 I'm not finished yet.

CUSTOMER
7 This meal is too big for me. Can I take this home?

8 OK. I'll put the rest in the container.
❶ restは「残り物」を意味します。

9 I'm sorry, but we don't do takeaways at this restaurant.
❶ do takeawaysは「お持ち帰りをする」を意味します。

UNIT 29

飲食店の基本⑪
~クレーム対応~

料理が冷めている、料理に異物が入っている、焼けすぎ、生焼け、すぐに新しい料理を持ってくる、料理が出来上がる時間を厨房に確認する、あと10分で用意できる、お詫びの品を渡すといった場合のフレーズを練習しましょう。

😊 お客様
□1 スープが冷めています。　　　　　▶ This soup is ~.

😊 お客様
□2 料理の中に虫が入っています。　　▶ There's ~.

😊 お客様
□3 このステーキは焼けすぎています。▶ This steak is ~.

😊 お客様
□4 魚の中が生焼けです。　　　　　　▶ This fish isn't ~.

□5 本当に申し訳ないです。新しいお料理をすぐにお持ちします。　▶ I'll ~.

😊 お客様
□6 私たちはお料理を1時間以上待っているのですが。　▶ We've been ~.

□7 厨房に確認いたします。　　　　　▶ I'll ~.

□8 本当に申し訳ございません。ご注文のお料理はあと10分でご用意できます。　▶ Your dishes ~.

□9 ご迷惑をおかけしたお詫びに手作りのクッキーを一箱差し上げます。　▶ To make ~.

接客英会話のカギ

一番大切なのは We're really sorry.（本当に申し訳ございません）と心から謝罪することです。料理を長くお待たせしたお客様には、厨房に確認後返事をすぐに持ち帰りましょう。その返事は Your dish will be ready in ～.（ご注文の料理はあと～分でご用意できます）や I'll bring your dish.（料理をすぐにお持ちします）です。

CD1 30

CUSTOMER
1　This soup is cold.

CUSTOMER
2　There's a bug in my food.
　❶ bugの他に hair（毛）や some dirt（ゴミ）といった場合もあるかもしれません。

CUSTOMER
3　This steak is overcooked.
　❶ be overcooked は「焼けすぎ」を意味します。

CUSTOMER
4　This fish isn't cooked inside.
　❶ The fish is cold inside. も同じ意味です

5　I'm really sorry. I'll bring a new dish right away.
　❶ right away の代わりに within ～ minutes（～分以内に）も使えます。

CUSTOMER
6　We've been waiting for our food more than 1 hour.

7　I'll check with the kitchen.

8　We're really sorry. Your dishes will be ready in about another 10 minutes.
　❶ be ready は「用意される」。

9　To make up for this, we will give you a box of home-made cookies.

UNIT 30 飲食店の基本⑫
～クレーム対応（ダイアローグ編）～

注文した料理と違う、ピザの中が焼けていない、ステーキが焼けすぎ、髪が料理に入っているといった苦情を受けたシーンの応対フレーズを覚えましょう。

シーン1 お客様

□1 これは私が注文した料理ではないです。 ▶ This is ～.

□2 本当に申し訳ありません。厨房にあなたのご注文をすぐ作るように言います。 ▶ I'll ask ～.

シーン2 お客様

□3 このピザは中が焼けていません。 ▶ This pizza isn't ～.

□4 大変申し訳ございません。新しいピザを焼く間もう少々お待ちいただけますか。 ▶ Would you ～?

シーン3 お客様

□5 このステーキは焼きすぎです。私はミディアムを注文しました。 ▶ This steak is ～.

□6 申し訳ございません。ミディアムのステーキを5分以内にお持ちいたします。 ▶ I'll ～.

シーン4 お客様

□7 髪の毛がこの料理に入っているんですけど。 ▶ There's ～.

□8 申し訳ございません。新しい料理をすぐにお持ちします。 ▶ We're ～.

□9 お詫びにデザートを無料でサービスさせていただきます。 ▶ We'll ～.

接客英会話のカギ

注文を聞くウェイターとお持ちするウェイターが同じ場合は、I'm really sorry. と謝罪しましょう。お詫びの料理を出したり、お品を差し上げたり、割り引いて反省の気持ちを表すのが解決方法でもあります。

CD1 31

CUSTOMER
1 This is different from my order.

2 I'm really sorry, I'll ask the kitchen to make your order straight away.

CUSTOMER
3 This pizza isn't cooked inside.

4 We're really sorry about that. Would you wait a little longer while we bake a new one?

CUSTOMER
5 This steak is overcooked. I ordered a medium.

6 We're really sorry. I'll bring you a medium steak within 5 minutes.

CUSTOMER
7 There's a hair in this dish.

8 We're really sorry. I'll bring you a new dish right away.

9 We'll bring you a dessert free of charge to compensate for this.

UNIT 31 ファーストフード①

サービスセットや期間限定メニューの勧め方、ドリンクサイズやクーポン使用のたずね方、すぐにできるメニューの勧め方などのフレーズを身につけましょう。

□1 次の方どうぞ。何になさいますか。 ▶ What ～?

□2 こちらのセットはいかがですか。 ▶ Would you like ～?

□3 ドリンクはこちらよりお選びいただけます。 ▶ You can ～.

□4 こちらは期間限定の人気メニューです。 ▶ This is ～.

□5 どのサイズになさいますか。 ▶ What size ～?

□6 はい。こちらのクーポンをお使いいただけます。 ▶ You can ～.

□7 フィッシュバーガーならすぐにご用意できます。 ▶ The fish burgers ～.

□8 お飲み物はいかがですか。 ▶ Something ～?

□9 他にご注文は？ ▶ ＿＿＿＿ else?

接客英会話のカギ

お客様が急いでいると察したら、The fish burgers will be ready in a minute.（フィッシュバーガーならすぐにご用意できます）のようにすぐできるものをお知らせしましょう。すぐに用意できるのが万国共通のファーストフードの魅力です。また、スピーディーが売りのファーストフードですから、短いフレーズを使っても自然です。

CD1 32

1 **Next, please. What would you like?**

2 **Would you like to try one of these set menus?**
   ❶ How about the set menu? と聞いてもOKです。

3 **You can choose a drink from these.**
   ❶ メニューを見せながら言いましょう。

4 **This is a very popular limited menu.**
   ❶ limited menuは「期間限定メニュー」です。

5 **What size would you like?**

6 **Yes, you can use these coupons.**

7 **The fish burgers will be ready in a minute.**
   ❶ be readyは「準備できる」。

8 **Something to drink?**
   ❶ Would you like something to drink? は丁寧な言い方です。

9 **Anything else?**
   ❶ 丁寧に言うとIs there anything else you would like to order? になります。

UNIT 32 ファーストフード②

持ち帰りかどうか、先払いをお願いする、番号札を持って待ってもらう、砂糖とミルクはセルフサービス、コーヒーは無料でおかわりできるといったことを伝えるフレーズを覚えましょう。

□1 こちらでお召し上がりでしょうか。それともお持ち帰りですか。 ▶ For here ~?

😊 お客様
□2 こちらで食べます。 ▶ For ~.

□3 ホットドッグにはケチャップとマスタードをお付けしますか。 ▶ Do you ~?

□4 お先にお会計をよろしいですか。 ▶ Could you ~?

□5 こちらの番号札を持ってお席の方でお待ちください。 ▶ Please ~.

□6 できましたら番号をお呼びいたします。 ▶ We'll ~.

□7 5番のカードをお持ちのお客様、お待たせいたしました。 ▶ Thank you ~.

□8 あちらのテーブルの砂糖とミルクをお取りください。 ▶ Help ~.

□9 コーヒーは無料でおかわりできます。 ▶ Coffee is ~.

接客英会話の**カギ**

Coffee is all-you-can-drink.（コーヒーは無料でおかわりできます）のall-you-can-drinkは「食べ放題の」を意味します。「ライスのおかわりは自由です」はRice is all-you-can-eat.と言います。余談になりますが、食べ放題の形式をバイキングスタイルと言うのは和製英語です。

CD1 33

1 **For here** or to go?
   ❶ 上がり口調で聞きましょう。

CUSTOMER
2 **For** here.

3 **Do you** want some ketchup and mustard for your hotdog?

4 **Could you** pay first, please?
   ❶ pay firstは「会計を先にする」を意味します。

5 **Please** take a number and wait at your table.
   ❶ take a numberは「番号札を持つ」です。

6 **We'll** call your number when it's ready.
   ❶ when it's readyは「調理し終えたら」を意味します。

7 Card 5, please. **Thank you** for waiting.

8 **Help** yourself to the sugar and cream on the table over there.
   ❶ Help yourself to ～は「ご自由に～をどうぞ」を意味します。

9 **Coffee is** all-you-can-drink.
   ❶ You can have refills of coffee. でもOKです。

UNIT 33 回転寿司

回転寿司のお皿の取り方、価格の説明、醤油のつけすぎ注意を促すなどのフレーズ、また店員が伝票を渡す仕組み、レジでの支払いなど会計に関する説明を練習しましょう。

☐ 1 どうぞお好きなお寿司をお取りください。 ▶ Please help yourself to ~.

☐ 2 マグロは今が旬です。 ▶ Tuna is ~.

☐ 3 価格はお皿の色によって異なります。 ▶ The price is ~.

☐ 4 好きなお寿司を注文できます。 ▶ You can ~.

☐ 5 醤油をつけすぎないようにしてください。 ▶ Please don't put ~.

☐ 6 酢漬けのショウガと日本茶は無料です。 ▶ The pickled ~.

☐ 7 お皿の数を数えてから伝票をお作りします。 ▶ We'll ~.

☐ 8 店員が伝票をあなたに渡します。 ▶ A shop clerk ~.

☐ 9 レジでお支払いください。 ▶ Please ~.

接客英会話の**カギ**

マヨネーズのついた avocado sushi（アボカド寿司）はアメリカ人にとても人気があります。マヨネーズは「メイヨネーズ」と発音することも覚えましょう。また Please help yourself to ～.（ご自分でお取りください）はファーストフードの基本です。

CD1 34

1 **Please help yourself to** your favorite dishes.
 - favorite dish は「好きな料理」です。

2 **Tuna is** in season now.
 - tuna は「マグロ」、be in season は「旬である」を意味します。

3 **The price is** different according to the color of the plate.
 - according to ～は「～に応じて」を意味します。

4 **You can** order your favorite sushi.

5 **Please don't put** too much soy sauce on it.
 - soy sauce は「醤油」です。

6 **The pickled** ginger and Japanese tea are free of charge.
 - pickled ginger は「酢漬けのショウガ」です。

7 **We'll** make your bill after counting the number of plates.
 - make your bill は「伝票を作る」。

8 **A shop clerk** will give you the bill.
 - 「店員」は shop clerk です。

9 **Please** pay at the cash register.
 - cash register は「レジ」です。

第2章 飲食店

UNIT 34 寿司屋

お寿司の作り方、盛り合わせ寿司の説明、1貫ずつ注文するか、わさびについての説明などに関するフレーズを言えるようになりましょう。

お客様

☐ 1　どうやって寿司を作るのですか。　　　▶ How do ~?

☐ 2　ご飯を酢と少量の砂糖で味付けします。　▶ Boiled rice is ~.

☐ 3　生魚一切れを味付けした俵形のご飯の上に載せます。　▶ A slice of ~.

☐ 4　盛り合わせ寿司になさいますか。　　　▶ Would you ~?

☐ 5　1貫ずつ注文する方がよろしいですか。　▶ Would you like ~?

☐ 6　1つのネタで2貫ずつお出しします。　　▶ There are ~.

☐ 7　魚とすし飯の間に「わさび」を入れますか。　▶ Do you ~?

☐ 8　わさびは「ホースラディッシュ」の一種です。　▶ Wasabi is ~.

☐ 9　わさびは食中毒を防ぎます。　　　　　▶ Wasabi prevents ~.

🗝 接客英会話のカギ

海外のお客様は何のソースや調味料なのか知りたい方が多いです。食中毒を防ぐわさびの説明はとても喜ばれます。sour orange based sauceは「ポン酢」、seven hot peppersは「七味」、sauce for cutletsは「とんかつソース」です。

🎧 CD1 35

😊 CUSTOMER

1 **How do** you make sushi?

2 **Boiled rice is** seasoned with vinegar and a little sugar.
   ❶ be seasoned with ～は「～で味付けする」を意味します。

3 **A slice of** raw fish is placed on an oval-shaped ball of seasoned boiled rice.
   ❶ oval-shaped（俵型の）、seasoned boiled rice（味付けしたご飯）。

4 **Would you** like a dish of assorted sushi?
   ❶ dish of assorted sushiは「盛り合わせ寿司」のことです。

5 **Would you like** to order dish by dish?
   ❶「1貫ずつ」はdish by dishです。

6 **There are** two pieces of sushi on one dish.
   ❶ two piecesは「2貫」を意味します。

7 **Do you** put "Wasabi" between the fish and sushi rice?

8 **Wasabi is** a kind of horseradish.

9 **Wasabi prevents** food poisoning.
   ❶ preventは「防ぐ」、food poisoningは「食中毒」を意味します。

第2章 飲食店

UNIT 35 居酒屋・バー ①

お酒の注文、日本酒や焼酎の原料説明、アルコール度数、飲み方（熱燗と冷）を説明するフレーズを言えるようになりましょう。

□ 1	お酒のご注文を先におうかがいしましょうか。	▶ Shall we 〜?
	🗨 お客様	
□ 2	日本酒と焼酎の違いは何ですか。	▶ What's the difference 〜?
□ 3	日本酒は醸造酒でお米からできています。	▶ Sake is 〜.
□ 4	焼酎は蒸留酒です。	▶ Shochu is 〜.
□ 5	地方によって色々な種類の焼酎があります。	▶ There are 〜.
□ 6	焼酎は、通常、米、サツマイモ、麦などから作られています。	▶ Shochu is 〜.
□ 7	日本酒のアルコール度数は約15%です。	▶ The alcoholic content 〜.
□ 8	焼酎のアルコール度数は約25%です。	▶ The alcoholic content 〜.
□ 9	日本酒と焼酎は、熱燗でも冷でも出せます。	▶ Both 〜.

接客英会話のカギ

居酒屋やバーではまず、お酒の注文からうかがうのが基本です。海外のお客様は原料を知りたがります。日本酒は「サキ（Sake）」と発音されて英語になっていますが、rice wineと呼んでいる外国人もいます。

CD1 36

1 **Shall we start with drinks?**
   ❶ start with ~は「~で始める」です。

🙋 CUSTOMER
2 **What's the difference between "sake" and "shochu"?**

3 **Sake is a fermented alcoholic drink made from rice.**
   ❶ fermentedは「発酵した」を表します。

4 **Shochu is a distilled alcoholic drink.**
   ❶ distilled alcoholic drinkは「蒸留酒」を意味します。

5 **There are many local varieties of shochu.**

6 **Shochu is usually made from rice, sweet potatoes, barley, etc.**
   ❶「サツマイモ」はsweet potatoです。

7 **The alcoholic content of sake is about 15%.**
   ❶ alcoholic contentは「アルコール含有量」を意味します。

8 **The alcoholic content of shochu is about 25%.**

9 **Both sake and shochu can be served hot or cold.**
   ❶ can be served hot or coldは「熱くても冷たくても出せる」を意味します。

第2章 飲食店

UNIT 36 居酒屋・バー②

2時間飲み放題コース、飲み放題メニュー、おつまみメニューについての説明、割り方などに関するフレーズを言えるようになりましょう。

□1	飲み放題コースは2時間です。	▶ The all-you-can-drink course ~.
□2	飲み放題のお酒のメニューから選んでください。	▶ Please ~.
□3	ウイスキーは水割りか、ストレートかどちらにされますか。	▶ Would you like ~?
□4	😊お客様 ウイスキーのソーダ割りをお願いします。	▶ Whisky with ~.
□5	チューハイやサワーはたいてい焼酎のソーダ割りに果汁を加えたものです。	▶ Chuhai and sawa are ~.
□6	おつまみのメニューはこちらでございます。	▶ The finger food menu ~.
□7	おつまみは数分以内にお出しできます。	▶ We can serve ~.
□8	枝豆は人気のおつまみです。	▶ Edamame, ~.
□9	鳥の唐揚げは、大体10分くらいかかります。	▶ Fried chicken ~.

接客英会話のカギ

居酒屋では飲み放題（All you can drink）の場合と単品で注文を取る場合があります。居酒屋は大衆的な日本を体験したい外国人にお勧めです。What is your quickest food?（何がすぐに出ますか）と聞かれたら、finger food.（おつまみ）と言ってメニューを見せましょう。チューハイなどの説明は英語で書いておくのもいいでしょう。

CD1 37

1. **The all-you-can-drink course is limited to 2 hours.**
   - 「be limited to 時間」は「〜時間限定である」を意味します。

2. **Please choose from the all-you-can-drink menu.**
   - 「飲み放題のお酒のメニュー」はall-you-can-drink menuです。

3. **Would you like whisky with water or straight?**
   - with waterで「水割り」を表します。

CUSTOMER

4. **Whisky with soda, please.**

5. **Chuhai and sawa are usually shochu with soda and fruit juice.**

6. **The finger food menu is here.**
   - finger foodは「おつまみ」を意味します。

7. **We can serve the finger food within a few minutes.**

8. **Edamame, boiled soybeans, are a popular finger food.**
   - boiled soybeanは「枝豆」を意味します。

9. **Fried chicken takes about 10 minutes.**
   - fried chickenは「鳥の唐揚げ」を意味します。

第2章 飲食店

UNIT 37 うどん・そば・天ぷら

うどんやそばの原材料の説明、食べ方、日本料理は醤油味が基本であること、天ぷらの食材、作り方、食べ方、天丼に関する説明フレーズを話せるようになりましょう。

□1 うどんは小麦粉でつくった白い麺です。　▶ Udon are 〜.

□2 そばは、そば粉で作った麺です。　▶ Soba are 〜.

□3 うどんもそばも、熱いおつゆに入れて食べられます。　▶ Both 〜.

□4 どちらも特製の醤油のつゆにつけてから食べられることもあります。　▶ Both 〜.

□5 醤油はほとんどの日本料理の基本の調味料です。　▶ Soy sauce is 〜.

□6 天ぷらの食材は魚介類と野菜です。　▶ The ingredients of 〜.

□7 食材は衣用生地につけた後、揚げられます。　▶ The ingredients 〜.

□8 天ぷらは特別な醤油のおつゆと一緒に出されます。　▶ Tempura is 〜.

□9 天丼はご飯の上に天ぷらをのせた丼です。　▶ Tendon is 〜.

接客英会話のカギ

熱いうどん、そば、天ぷらは、Please eat while it is hot.(熱いうちにお召し上がりください)とお勧めしましょう。音を立てて食べるのをマナーが悪いとする文化の国もあります。It's a Japanese custom to slurp when eating noodles.(音をたてながら麺類を食べることは日本の習慣です)と説明するのもいいでしょう。

CD1 38

1. **Udon are** white noodles which are made from wheat flour.
   - be made from ～は「～からできた」。wheat flour は「小麦粉」。

2. **Soba are** noodles made from buckwheat flour.
   - buckwheat flour は「そば粉」です。

3. **Both** udon and soba are eaten in a hot soup.

4. **Both** can be eaten after being dipped in a special soy sauce.
   - soy sauce は「醤油」です。

5. **Soy sauce is** the basic seasoning in most Japanese cuisine.
   - basic seasoning は「基本の調味料」、cuisine は「料理」です。

6. **The ingredients of** tempura are seafood and vegetables.
   - ingredients は「食材」です。

7. **The ingredients** are deep-fried after being dipped in batter.
   - be deep-fried は「たっぷりの油で揚げられる」、be dipped は「つけられる」です。

8. **Tempura is** served with a special soy sauce.
   - be served with ～は「～と一緒に出される」。

9. **Tendon is** a bowl of rice topped with tempura.
   - be topped with は「～をのせた」を意味します。

UNIT 38 定食屋

セットかお好みかの選択、味噌の説明、ごはんのおかわりが可能、赤飯か白米かの選択、赤飯の説明などのフレーズを言えるようになりましょう。

☐ 1　セットにされますか、それともお好みにされますか。　▶ Would you like ~?

☐ 2　メインディッシュは5種類の天ぷらと野菜です。　▶ The main dish is ~.

☐ 3　この定食にはご飯、お漬物、お味噌汁とデザートがつきます。　▶ This set menu ~.

☐ 4　味噌は発酵した練り大豆で、味噌汁に使われます。　▶ Miso, ~.

☐ 5　ご飯はおかわりできます。　▶ The rice is ~.

☐ 6　赤飯と普通のご飯を選べます。　▶ You can choose between ~.

☐ 7　「赤飯」は赤い豆と一緒に蒸した御飯です。　▶ Sekihan is ~.

☐ 8　赤は喜びの色と考えられています。　▶ Red is ~.

☐ 9　赤飯は日本では通常、おめでたいときに食べられます。　▶ Sekihan is ~.

接客英会話の**カギ**

ご飯に味噌汁（fermented soy bean soup）、おかずは魚と野菜を使った料理が多い日本食が長寿世界一国を作ったことを知る外国人も多く、日本食には興味を持っています。

CD1 39

1. **Would you like** to take the set course or order à la carte?

2. **The main dish is** five different tempura of fish and vegetables.

3. This set menu comes with rice, pickles, miso soup, and a dessert.
   - come with 〜で「〜がつく」です。

4. Miso, fermented soybean paste, is used in miso soup.
   - 「味噌」は fermented soybean paste です

5. The rice is all-you-can-eat.
   - all-you-can-eat は「食べ放題」です。

6. **You can choose between** sekihan – red rice – and ordinary rice.

7. "Sekihan" is rice steamed together with red beans.
   - steam は「蒸す」です。

8. Red is considered the color of joy.
   - be considered は「考えられる」です。

9. Sekihan is usually eaten on happy occasions in Japan.
   - happy occasion は「おめでたい場合」。

UNIT 39 お好み焼き

お好み焼きの説明、材料の混ぜ合わせ方、焼き方、食べ方のフレーズを覚えましょう。「食べ方」を紙に書いてあげると、お客様は喜ばれるでしょう。

☐ 1	お好み焼きは様々な材料の入った日本式のパンケーキです。	▶ Okonomiyaki is 〜.
☐ 2	ご自分でお好み焼きを作れますよ。	▶ You can 〜.
☐ 3	ボウルで小麦粉、卵、きざんだキャベツを混ぜ合わせてください。	▶ Mix the flour 〜.
☐ 4	エビやイカ、豚肉といった材料をホットプレートにおいてください。	▶ Place the 〜.
☐ 5	混ぜ合わせた生地をホットプレートで1.5センチ程の丸型に広げてください。	▶ Spread the 〜.
☐ 6	3分後に裏返してへらでやさしく押さえてください。	▶ Please 〜.
☐ 7	3分後に再び裏返してください。	▶ Turn it over 〜.
☐ 8	ソースとマヨネーズをつけて青のりとかつお節をお好み焼きにかけてください。	▶ Spread 〜.
☐ 9	お好みのサイズに切ってお召し上がりください。	▶ Cut it into 〜.

🔑 接客英会話の**カギ**

You can cook it by yourself.（自分で作ることができる）の料理はとても喜ばれます。海外の方は宗教上の理由で、食材を気にされる方が多いです。イスラム教徒には seafood（魚介類）を食材として使いましょう。お好み焼きを Okonomiyaki is a kind of Japanese pizza.（お好み焼きは日本式のピザです）という人もいます。

🎧 CD1 40

1. **Okonomiyaki is** a kind of Japanese pancake with various ingredients.

2. **You can** cook okonomiyaki by yourself.

3. **Mix the flour**, egg, and chopped cabbage in a bowl.
   ❶「小麦粉」はflourです。「きざんだキャベツ」はchopped cabbageです。

4. **Place the** ingredients, such as shrimp, squid or pork, on the hotplate.

5. **Spread the** okonomiyaki mixture on to the hotplate into a round shape about 1.5 centimeters thick.

6. **Please** turn it over after 3 minutes and press it gently with a spatula.

7. **Turn it over** again after 3 minutes.
   ❶ turn overは「裏返す」を意味します。

8. **Spread** the sauce and mayonnaise and sprinkle seaweed powder and bonito flakes over the okonomiyaki.

9. **Cut it into** the desired portions and eat.

第2章 飲食店

飲食店に関する単語

店内のもの CD1 41

伝票	check / bill
皿	dish / plate
はし	chopstick
ストロー	straw
爪楊枝	toothpick

調味料・香辛料 CD1 42

コショウ	pepper
ごまだれ	sesame sauce
塩	salt
ポン酢だれ	vinegar and soy sauce
ゆず	yuzucitrus
七味唐辛子	seven-flavored red pepper mix
酢	vinegar
ラー油	chi oil

味 CD1 43

大味な(薄味の)	bland
酸っぱい	sour
あっさりしている	light
こってりした	heavy
辛い	hot
苦い	bitter

調理法 CD1 44

あぶる	broil
網焼きにする	grill
炒める	stir-fry
鉄板焼きにする	fry on an iron plate
ゆでる	boil
煮込む	simmer

寿司ネタ　　CD1 45

マグロ	tuna
イカ	squid
ウニ	sea urchin
エビ	shrimp
数の子	herring roe
カニ	crab
鯛	sea bream
たこ	octopus
ハマチ	yellowtail
ホタテ	scallop
うなぎ	eel
イクラ	salmon roe
あわび	abalone
ゲソ	squid legs

天ぷらの食材　　CD1 46

エビ	prawn
レンコン	lotus root
ゴボウ	burdock root
シイタケ	shiitake mushroom
大根おろし	grated Japanese radish
かき揚げ	small shrimp and chopped vegetable

そば・うどん　　CD1 47

月見そば	Soba with raw egg topping
とろろそば	Soba with grated yam
山菜そば	Soba with wild vegetable topping
きつねうどん	Udon with fried bean curd topping
タヌキうどん	Udon with a topping of tempura flakes
わかめうどん	Udon with seaweed topping

第2章　飲食店

和食

おでん	Japanese hodgepodge
串カツ	fried pork on skewers
アサリの酒蒸し	sake-steamed clam
酢の物	vinegared vegetable and seafood salad
焼き鳥	grilled chicken
さつまあげ	fried fish cake
ちくわ	broiled fish paste
イカの塩辛	fermented squid
ようかん	sweet bean jelly
餅	rice cake

洋食

ポテトコロッケ	potato croquette
メンチカツ	fried cutlet of minced meat
トンカツ	pork cutlet
カレーライス	curry and rice
オムライス	omelet stuffed with chicken rice
ナポリタン	spaghetti with ham and onion in ketchup sauce

中華料理

ふかひれスープ	shark's fin soup
酢豚	sweet and sour pork
チャーハン	fried rice
餃子	Chinese meat dumpling
メンマ	Chinese bamboo shoot
ピータン	preserved egg
春巻き	spring roll
クラゲの和え物	seasoned jellyfish
杏仁豆腐	almond jelly
ごま団子	sesame dumpling

第3章

販売店

在庫状況の確認などは販売店には欠かせないフレーズです。また、アパレル関係・ドラッグストア・土産物屋・スーパーマーケット・家電量販店など様々なお店のフレーズをそろえてあります。まずは基本のフレーズをしっかりとおさえていきましょう。

CDトラック

UNIT40 (CD1 Track51)
▼
UNIT68 (CD2 Track21)

UNIT 40

販売店の基本 ①
~品物の在庫状況~

オリジナル、限定版、新発売、先行販売、最新モデルの説明、入荷したばかり、価格が下がったところ、安い価格を強調するフレーズを使いこなし、お客様の購買意欲をかきたててセールス向上につなげましょう。

□1　これは当店のオリジナルです。　　▶ This product is ~.

□2　これはオリンピックの限定版です。　▶ This is ~.

□3　これは本日発売です。　　　　　　 ▶ This is ~.

□4　ただ今入荷したばかりです。　　　 ▶ This has ~.

□5　この商品は当店のみ先行販売です。 ▶ This product ~.

□6　これは最新モデルです。　　　　　 ▶ This is ~.

□7　価格は60％下がったところです。　▶ The price ~.

□8　これがベスト(最安値)です。　　　 ▶ This is ~.

□9　これが最後の一つです。　　　　　 ▶ This is the ~.

接客英会話のカギ

新発売、先行販売、最新モデルがある、商品が入荷したばかり、価格が下がったときなどにお客様が来店されたら、You've come to the right place at the right time!（ちょうど良いときに良い場所にお越しくださいました！）を使いこなしましょう。お客様の購買意欲をそそります。

CD1 51

1 **This product is unique to this store.**
   - be unique to this store は「当店のオリジナル」を意味します。

2 **This is a limited edition for the Olympic Games.**
   - limited edition は「限定版」を意味します。

3 **This is being put on the market today.**
   - be put on the market は「市場に出る」＝「販売」です。

4 **This has just arrived.**
   - arrive は「入荷する」を意味します。

5 **This product is being launched first in our store.**
   - be launched first で「先行販売する」です。

6 **This is the latest model.**
   - latest model は「最新モデル」。

7 **The price just went down by 60%.**
   - go down で「下がる」。

8 **This is our best price.**

9 **This is the last one.**

UNIT 41
販売店の基本 ②
～品物の在庫状況～

商品が残り少ない場合の、売り切れ、在庫確認、在庫切れ、商品のお取り寄せ、他の支店の在庫確認、入荷に関するフレーズを覚えましょう。

□ 1	こちらの商品は品切れになりつつあります。	▶ We're running ～.
□ 2	すみません、売り切れでございます。	▶ I'm sorry, but ～.
□ 3	在庫をオンラインで確認させてください。	▶ Let me check ～.
□ 4	すみませんが、ただ今在庫切れでございます。	▶ I'm sorry, but ～.
□ 5	お取り寄せいたしましょうか。	▶ Shall we ～?
□ 6	他の支店に在庫があるかどうか確認の電話をします。	▶ I'll call ～.
□ 7	10分後に到着します。	▶ It'll ～.
□ 8	2、3日中に入荷する予定でございます。	▶ We expect to ～.
□ 9	入り次第、お知らせいたします。	▶ We'll let you know ～.

接客英会話のカギ

商品がない場合でもShall we order it for you?（お取り寄せいたしましょうか）と聞いて取り寄せるようにしましょう。在庫がない場合、最寄りの支店に連絡して持ってきてもらったり、取りに行ったりなどの親切心が必要です。

CD1 52

1. **We're running out of this item.**
   - run out of は「～が不足になる」。

2. **I'm sorry, but they are sold out.**
   - be sold outは「売り切れ」を意味します。

3. **Let me check the stock online.**
   - onlineを by phone（電話で）に入れ換え可。

4. **I'm sorry, but we are out of stock right now.**
   - be out of stockは「在庫切れ」を意味します。

5. **Shall we order it for you?**
   - orderは「取り寄せる」の意味です。

6. **I'll call our branch shop to check their stock.**
   - branch shopは「支店」のこと。our branchをmaker（メーカー）に入れ換え可。

7. **It'll arrive in about 10 minutes.**
   - in ～は「～後に」を意味します。inの代わりに「at 時間」「on 日付/曜日」もOKです。

8. **We expect to have some within a few days.**
   - expect to ～は「～の予定です」を意味します。

9. **We'll let you know as soon as we have it.**

UNIT 42 販売店の基本③
～値段交渉～

割引を求められた場合に、割り引いたら利益が出ないので断る、現金支払いなら割り引ける、複数購入なら割り引ける、店長に相談する、おまけをつけるフレーズを覚えましょう。

お客様
☐ 1 安くしていただけませんか。 ▶ Can you ～?

☐ 2 できません。これ以上割り引いたら、利益が出ません。 ▶ I'm afraid ～.

☐ 3 現金でお支払いいただければ2000円割り引きますよ。 ▶ If you pay ～.

☐ 4 2つ購入してくださるなら、10%割引きいたします。 ▶ I'll ～.

お客様
☐ 5 筆箱を10個購入したいのですが、割り引いてくれませんか。 ▶ I'd like to ～.

☐ 6 1個320円でどうですか。 ▶ How about ～?

お客様
☐ 7 他のお店では300円でしたよ。 ▶ This one ～.

☐ 8 店長に相談してみます。 ▶ I'll ～.

☐ 9 割り引く代わりにお寿司の形をしたキーホルダーを10個無料で差し上げます。 ▶ We can ～.

接客英会話のカギ

値切るのを当たり前と考える文化の人たちもいます。割り引けない場合には、はっきりと I'm afraid we can't.（できません）を使いましょう。また、割り引く代わりに海外のお客様に人気のお寿司の形をしたキーホルダーなどのおまけ商品をつけると喜ばれます。

CD1 53

CUSTOMER

1 Can you make it cheaper?

2 I'm afraid we can't. If we give you a bigger discount, we can't make a profit.

3 If you pay in cash, we can give you 2,000 yen off the price.
❶ pay in cash は「現金で支払う」です。

4 I'll give you a 10% discount if you buy 2.
❶ give you a ～ % discount は「～%割引きをする」です。

CUSTOMER

5 I'd like to buy 10 pencil cases, so can you make it cheaper?

6 How about 320 yen each?
❶ この場合のeachは副詞で「1つにつき」を意味します。

CUSTOMER

7 This one was 300 yen at another store.
❶ at another store は「別のお店では」を意味します。

8 I'll talk with our store manager.
❶「店長」は store manager です。

9 We can give you 10 key-chains in the shape of sushi for free instead of a discount.

UNIT 43

販売店の基本 ④
～包装～

お店で包装する場合のフレーズです。箱が必要か、箱代を請求する、個別包装か、包装紙やメッセージカードを選んでもらう、リボンの色をたずねるフレーズを練習しましょう。

□ 1	これは贈り物ですか。	▶ Is this ～?
□ 2	ギフト用にお包みしましょうか。	▶ Shall I ～?
□ 3	箱にお入れしましょうか。	▶ Shall I ～?
□ 4	お箱代を200円請求させていただきます。	▶ We ～.
□ 5	別々に包装いたしましょうか。	▶ Shall I ～?
□ 6	無料ギフト包装紙と100円のギフト包装紙のどちらがよろしいですか。	▶ Which would you like ～?
□ 7	どのメッセージカードをご希望ですか。	▶ Which ～?
□ 8	リボンをおかけしましょうか。	▶ Shall I ～?
□ 9	何色がよろしいですか。	▶ What color ～?

接客英会話の**カギ**

日本のラッピングの質の高さとその技術は海外でも賞賛されています。美しく丁寧でスピーディーだからです。喜ばれることが多いですが、箱代や包装紙代が必要な場合が多いです。例えば、We charge 200 yen for a box.（お箱代を200円請求いたします）と伝えてお客様のご希望を聞きましょう。

CD1 54

1 Is this a present?

2 Shall I gift-wrap it?

3 Shall I put it in a box?
❶ Would you like a box for it? でもOKです。

4 We charge 200 yen for a box.
❶ 「～の代金として～円請求する」は「charge 金額 for ～」です。

5 Shall I wrap them separately?
❶ 「別々に」はseparatelyで表現します。

6 Which would you like, free gift wrapping or the 100 yen gift wrapping?

7 Which message card would you like?

8 Shall I tie a ribbon around it?
❶ tie は「結ぶ」を意味します。

9 What color do you prefer?

UNIT 44

販売店の基本⑤
~商品の配送~

配送の希望をたずねる、配送料・お届け日数を伝える、配送日の指定をたずねる、海外配送を断る、用紙の記入を依頼するフレーズをしっかり覚えましょう。

□1 配送になさいますか。 ▶ Would you like to ~?

😊 お客様
□2 シドニーに送りたいのですが。 ▶ I'd like to ~.

□3 配送料を調べさせていただきます。 ▶ Let me check ~.

□4 配送料は2500円です。 ▶ The delivery charge is ~.

□5 10日ぐらいかかります。 ▶ It takes ~.

□6 市内の配送料は無料です。 ▶ We deliver ~.

□7 配送日のご指定はございますか。 ▶ Would you like ~?

□8 この伝票に記入してくださいませんか。 ▶ Could you ~?

□9 こちらが伝票の控えになります。 ▶ Here's ~.

接客英会話のカギ

配送料はLet me check the delivery charges.（配送料を調べさせていただきます）と言って慎重にチェックしましょう。Here's your copy of the slip.（こちらが伝票の控えになります）と言って、伝票の控えを渡しましょう。

CD1 55

1 Would you like to send it?
- send itの代わりに have it sent、have it deliveredも使えます。

CUSTOMER
2 I'd like to send it to Sydney.

3 Let me check the delivery charges.
- delivery chargesは「配送料金」を意味します。

4 The delivery charge is 2,500 yen.
- It costs 2,500 yen.でもOKです。

5 It takes about 10 days.

6 We deliver for free within the city limits.
- We cover the delivery.もOK。for freeは「無料で」、within the city limitsは「市内」。

7 Would you like to specify the delivery date?
- specifyは「指定する」です。

8 Could you fill in this slip?
- どちらでも通じますが、fill inはイギリス英語でfill outはアメリカ英語です。

9 Here's your copy of the slip.
- copy of the slipは「伝票の控え」です。

第3章 販売店

UNIT 45

販売店の基本⑥
～商品の配送と持ち帰りの際の気配り～

海外配送不可、滞在ホテルまたは家への配送などに関するフレーズ、また、二重包装、手提げ、雨の日のビニール掛け、入口まで持っていくなどお持ち帰りの際に気配りを示すフレーズを覚えましょう。

☐ 1　海外への配送は承っておりません。　　　▶ We don't ~.

😊 お客様
☐ 2　XYZホテルに配送してください。　　　▶ Could you ~?

😊 お客様
☐ 3　5月5日の9時に配達していただきたいのです。　　　▶ I'd like to ~.

☐ 4　配達時間帯が指定できますが、正確な時間は指定できません。　　　▶ You can ~.

😊 お客様
☐ 5　ホテルに持って帰りたいです。　　　▶ I'd like to ~.

☐ 6　重いので、二重包装にしますね。　　　▶ I'll ~.

☐ 7　手提げも人数分入れておきましょうか。　　　▶ Shall I ~?

☐ 8　雨ですのでビニールをかけておきましょう。　　　▶ I'll cover ~.

☐ 9　玄関までお持ちしましょう。　　　▶ Let me ~.

接客英会話のカギ

お客様が荷物を持って帰る場合、重い物はdouble-bag（二重包装）、雨の日はplastic sheet（ビニール）をかけるなどの心配り、そしてbag（手提げ）も人数分入れてあげるといった「おもてなし」を大切にしましょう。また、重い物はお店の入口までお持ちする心配りが必要です。

CD1 56

1. **We don't deliver overseas.**
   - overseas（海外へ）の前には前置詞は不要です。

CUSTOMER
2. **Could you deliver it to XYZ hotel?**

CUSTOMER
3. **I'd like to have it delivered at 9 o'clock on May 5th.**
   - Could you deliver it 日時？でもOK。「have＋物＋過去分詞」で「物を〜してもらう」。

4. **You can specify the delivery time slot, but not the actual time.**
   - delivery time slotは「配達時間帯」です。

CUSTOMER
5. **I'd like to take this back to my hotel.**
   - take A to Bで「AをBに持っていく」。場所がhome（家）の場合はtoは不要です。

6. **It's heavy, so I'll double-bag it.**
   - double-bagは「二重包装する」を意味します。

7. **Shall I put in a bag for each person?**
   - for each personで「人数分」を表します。

8. **I'll cover it with a plastic sheet, since it's raining.**
   - plastic sheetは「ビニール」です。

9. **Let me carry this to the entrance for you.**
   - carry A to B は「AをBに持っていく」を意味します。

UNIT 46

販売店の基本 ⑦
～返品～

返品希望に対する返金お断り、交換OK、レシート提示を求める、レシートなしでの返品お断り、バーゲン商品の返金、交換のお断り、2週間後の返品払い戻しのお断りフレーズを覚えましょう。

😊 お客様

☐ 1 間違ったサイズを購入したので返金をお願いしたいのですが。 ▶ I'd like ～.

☐ 2 申し訳ないのですが返金はいたしかねます。 ▶ I'm sorry, but ～.

☐ 3 他の物と交換はしていただけます。 ▶ We can ～.

☐ 4 レシートをお見せいただけませんか。 ▶ May I ～?

☐ 5 レシートなしでは払い戻しができません。 ▶ We can't ～.

☐ 6 バーゲン商品は返金できません。 ▶ We can't ～.

☐ 7 バーゲン商品は他の物との交換はできません。 ▶ We can't ～.

☐ 8 2週間後は払い戻しも交換もできません。 ▶ We can't ～.

☐ 9 これはおあつらえの品ですので、ご返品いただけません。 ▶ This is ～.

接客英会話のカギ

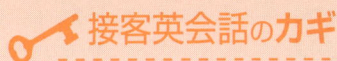

当たり前のように返品交換や返金を求めてくる外国人がいます。アメリカではプレゼントを受け取った人があとでお店で返品や交換をしてもらえるようにgift receipt（ギフトレシート）を渡すお店も多いです。交換できない理由を理解してもらえない場合はIt's our store policy.（店の方針です）と言いましょう。

CD1 57

CUSTOMER

1 **I'd like** a refund because I bought the wrong size.
   - refundは「返金」を意味します。

2 **I'm sorry, but** we cannot give you a refund.
   - give you a refundは「返金する」です。

3 **We can** exchange it for another one.
   - exchange A for Bは「AとBを交換する」を意味します。

4 **May I** see your receipt?

5 **We can't** give you a refund without a receipt.
   - give you a refundは「返金する」です。

6 **We can't** give you a refund for the bargain sale items.
   - bargain sale itemsは「バーゲン商品」です。

7 **We can't** exchange the bargain sale items for other ones.
   - exchange A for Bは「AとBを交換する」です。

8 **We can't** offer refunds or exchanges after 2 weeks.
   - offer refunds or exchangesは「払い戻すか交換するか」を表します。

9 **This is** order-made for you, so you can't return it.

第3章 販売店

UNIT 47

販売店の基本⑧
～返品（ダイアローグ編）～

バーゲン商品のため交換に応じられないシーン、バーゲン商品交換に来たお客様に差額を請求するシーン、不良品を持参されたお客様にクレジットカードの支払いをキャンセルするシーン、賞味期限の過ぎたお菓子を払い戻すシーンです。

シーン1 お客様

☐ 1　このバッグを（同じデザインの）ブラウンのバッグに交換してほしいのですが。　▶ I'd like to ~.

☐ 2　バーゲン商品は交換できません。　▶ We can't ~.

シーン2 お客様

☐ 3　このシャツをこのセーターと交換したいです。ここにレシートがあります。　▶ Here's ~.

☐ 4　かしこまりました。差額の500円をお支払いいただけますか。　▶ Could you ~?

シーン3 お客様

☐ 5　このジャケットに小さな穴が開いています。払い戻していただきたいです。　▶ There is ~.

☐ 6　大変申し訳ございません。クレジットカードのお支払をキャンセルさせていただきます。　▶ We'll ~.

シーン4 お客様

☐ 7　このクッキーは賞味期限が過ぎています。払い戻してくれませんか。　▶ Could you ~?

☐ 8　お客様のクレジットカードでは払い戻し処理ができません。　▶ We can't ~.

☐ 9　現金で払い戻しさせていただいてもよろしいですか。　▶ May we ~?

接客英会話のカギ

商品交換の場合のdifference in price（差額）の精算などは、慎重に行いましょう。

CD1 58

CUSTOMER

1. I'd like to exchange this bag for a brown one.
   - exchange A for B は「AとBを交換する」を意味します。

2. We can't exchange a bargain sale item for another one.
   - bargain sales item は「バーゲン商品」を意味します。

CUSTOMER

3. I'd like to exchange this shirt for this sweater. Here's a receipt.
   - exchange A for B は「AとBを交換する」です。

4. Yes, sir. Could you please pay the difference in price, 500 yen?
   - 「差額を払う」はpay the difference in price です。

CUSTOMER

5. There is a small hole in this jacket. I'd like to get a refund.
   - get a refund は「払い戻しを受ける」です。

6. We're really sorry about that. We'll cancel your credit card payment.

CUSTOMER

7. This box of cookies is past the eat-by date. Could you please give me a refund?

8. We can't refund the money to your credit card.
   - refund the money は「払い戻す」を意味します。

9. May we pay you back in cash?
   - pay you back in cash は「現金で払い戻す」を意味します。

第3章 販売店

113

UNIT 48 アパレル①

お求めのデザインを聞く、定番のデザイン・流行しているジャケット・人気デザイナーなどを勧める、長袖か半袖か、サイズを聞く、サイズ換算表を見せるフレーズを覚えましょう。

お客様
☐ 1 ブレザーを探しています。 ▶ I'm looking for 〜.

☐ 2 どのようなスタイルをお探しですか。 ▶ What style 〜?

お客様
☐ 3 何でも合うシンプルなデザインが好きです。 ▶ I like 〜.

☐ 4 このデザインは定番です。 ▶ This design is 〜.

☐ 5 このジャケットが流行っています。 ▶ This jacket is 〜.

☐ 6 これは人気のある日本のデザイナーによってデザインされました。 ▶ This was 〜.

☐ 7 半袖と長袖のどちらにされますか。 ▶ Which would you like 〜?

☐ 8 あなたのサイズはいくつですか。 ▶ What size 〜?

☐ 9 こちらがサイズ換算表です。 ▶ Here's 〜.

接客英会話のカギ

サイズに関しては、万国共通、女性は敏感です。言葉使いに気をつけましょう。特にYou're fat.（太っていますね）などと言うと二度とお客様は来られないでしょう。fatの単語はa little fat（少し太っている）でもマイナスのイメージなので使ってはいけません。

CD2 01

CUSTOMER
1 I'm looking for a blazer.
- blazerは「ブレイザー」と発音しましょう。

2 What style are you looking for?

CUSTOMER
3 I like simple designs that go with anything.
- go with anythingは「何にでも合う」を意味します。

4 This design is the standard.
- 「定番」はstandardと言います。

5 This jacket is in now.
- be inは「流行している」を意味します。jacketを入れ換えて応用自由自在。

6 This was designed by a popular Japanese designer.

7 Which would you like, short sleeves or long sleeves?
- short sleevesが「半袖」です。half sleevesと言い間違えないように。

8 What size do you wear?

9 Here's a size conversion table.
- 「サイズ換算表」はsize conversion tableです。

第3章 販売店

UNIT 49 アパレル②

好みの素材や色を聞く、素材や手入れの方法について説明するフレーズを覚えましょう。

□1 どのような素材をお好みですか。 ▶ What material ~?

□2 どのような色をお好みですか。 ▶ What color ~?

😊 お客様
□3 素材は何ですか。 ▶ What material ~?

□4 このセーターは純毛です。 ▶ This sweater is ~.

□5 このネクタイはシルク100%です。 ▶ This tie is ~.

□6 洗濯機で洗えます。 ▶ It's ~.

□7 手洗いでお願いします。 ▶ I recommend ~.

□8 ドライクリーニングでお願いします。 ▶ It should be ~.

□9 乾燥機はお使いにならないでください。 ▶ Please don't ~.

接客英会話のカギ

欧米諸国、特にアメリカでは洗濯物を外に干さないで乾燥機を使います。Please don't tumble-dry it.（乾燥機はお使いにならないでください）と念押しした方が良いでしょう。

CD2 02

1 **What material** would you prefer?
- materialは「素材」です。この場合、fabric（生地）に入れ換えても意味は同じです。

2 **What color** would you like?

CUSTOMER

3 **What material** is this made of?
- materialは「素材」、be made of ～は「～でできている」です。

4 **This sweater is** made of pure wool.
- pure woolは「純毛」です。sweaterは「スウェター」と発音します。

5 **This tie is** 100% silk.
- 100% silkは「シルク100％」を意味します。

6 It's **machine-washable.**
- machine-washableは「洗濯機で洗える」。

7 **I recommend** you hand-wash it.
- recommendは「勧める」、hand-washは「手洗いする」です。

8 It should be **dry-cleaned.**
- dry-cleanは「ドライクリーニングする」です。

9 Please don't **tumble-dry it.**
- 「乾燥機を使う」はtumble-dryです。6～9のフレーズはIs it easy to take care of?（扱いは簡単ですか）の対応として使えます。

第3章 販売店

UNIT 50 アパレル③

お客様に試着を勧める、試着のルールを説明する、試着室まで案内する、試着室の外から様子を聞く、セールス向上につながる試着後のほめ方のフレーズを覚えましょう。

□1 この大きな鏡をお使いください。　　▶ Please 〜.

□2 ご試着なさいますか。　　▶ Would you like 〜?

□3 ご試着は一度に2着までとなっております。　　▶ Two items 〜.

□4 試着室までご案内させてください。　　▶ Let me 〜.

□5 いかがですか。　　▶ How 〜?

□6 お気に召しましたか。　　▶ How 〜?

□7 お客様にとてもお似合いです。　　▶ It 〜.

□8 紺がお似合いです。　　▶ You look 〜.

□9 ワイシャツとよく合っていますね。　　▶ It 〜.

接客英会話のカギ

It looks very good on you.（この言い方の場合、服はあなたの体の上から着るのでonを使います）とYou look very good in it.（この言い方だと、あなたは服の中にいるのでinを使います）、It suits you.など「似合っている」と伝えるこの3つのフレーズを心をこめて話せるようになりましょう。

CD2 03

1. **Please** use this big mirror.
   - セーターやジャケットなどを手にしているお客さんには鏡を見ることから勧めましょう。

2. **Would you like** to try it on?
   - try on ~は「~を試着してみる」を意味します。

3. **Two items** in the fitting room at a time, please.
   - 「試着室」はfitting roomです。

4. **Let me** show you to the fitting room.
   - show you to ~は「~まで案内する」です。

5. **How** are you doing?
   - Everything all right? も同じ意味です。試着室の外から声をかけるフレーズです。

6. **How** do you like it?

7. **It** suits you very well.
   - 「It suits 人（目的格）」で「~によく似合う」を意味します。

8. **You look** good in navy blue.

9. **It** goes well with your shirt.
   - go well with ~は「~とよく合う」を意味します。

第3章 販売店

UNIT 51 アパレル④

お客様が別のデザイン・色・サイズの試着を希望している場合の答え方、用意しているサイズを伝える、違うサイズを持ってくる、お直しを勧める、お直しにかかる時間を伝えるフレーズを覚えましょう。

お客様
□1 同じデザインで違う色はありますか。 ▶ Do you have ~?

□2 同じデザインで濃紺、グレー、茶色がございます。 ▶ We have ~.

お客様
□3 このデザインが好きではありません。別のデザインを見せてください。 ▶ please ~.

□4 違うデザインで白色のスカートがあります。 ▶ We have ~.

お客様
□5 腰の周りが少し窮屈なんですが。 ▶ It's ~.

□6 S、M、L、XLの4サイズをご用意しております。 ▶ We have ~.

□7 ワンサイズ上をお持ちしましょうか。 ▶ Shall I ~?

□8 ジャケットの袖の長さを調整しましょうか。 ▶ Shall I ~?

□9 お直しは約1時間かかります。 ▶ It takes ~.

接客英会話の**カギ**

店の商品の在庫（stock）を覚え、お客様の求めている商品をすぐにお見せできるようにしましょう。そしてWe have navy blue, gray and brown in the same design.（同じデザインで濃紺、グレー、茶色がございます）のように何が店にあるのかをすぐに答えられるようになりましょう。必要なアドバイスができる英語を身につけましょう。

CD2 04

CUSTOMER

1 **Do you have** the same design in different colors?

2 **We have** navy blue, gray and brown in the same design.
   ❶ in the same designで「同じデザインで」を表します。

CUSTOMER

3 I don't like this design; **please** show me another.
   ❶ anotherは「別の物」を意味します。

4 **We have** white skirts in different designs.
   ❶ white skirts in different designsは「違うデザインの白いスカート」。

CUSTOMER

5 **It's** a bit tight around my waist.

6 **We have** 4 sizes: small, medium, large and extra large.
   ❶ extra largeサイズはLLサイズのことです。

7 **Shall I** get you one size larger?
   ❶ one size largerをone size smaller（ワンサイズ下）に入れ換え応用できます。

8 **Shall I** adjust the length of the jacket sleeves?
   ❶ the length of jacket sleevesをthe length of the pants（パンツの長さ）等に応用可。

9 It takes 1 hour for the alteration.

第3章 販売店

UNIT 52 アパレル（ダイアローグ編）

お客様が気に入って購入されるシーン、ワンピースが少し大きいのでワンサイズ小さい物を勧めるシーン、流行に左右されない、しわのよらない服を勧めるシーンを練習しましょう。

シーン1 😊 お客様

☐ 1　似合いますか。　　　　　　　　　　　▶ How ~?

☐ 2　とっても素敵です。このパンツがとてもお似合いです。　　　　　　　　　　　▶ This pair of ~.

😊 お客様

☐ 3　ありがとう。これにします。　　　　　　▶ I'll ~.

シーン2

☐ 4　いかがですか。　　　　　　　　　　　▶ How ~?

😊 お客様

☐ 5　気に入っているんですけど、このワンピースは少し大きいんです。　　　　　　▶ I like it, but ~.

☐ 6　ワンサイズ小さいのをお持ちしましょうか。　　　　　　　　　　　　　　　　▶ Shall I ~?

シーン3 😊 お客様

☐ 7　無難なスーツを探しているのですが。　　▶ I'm looking for ~.

☐ 8　こちらのお品はいかがですか。このデザインは流行に左右されません。　　　▶ How about ~?

☐ 9　それに、簡単にしわがよりませんよ。　　▶ Also, it doesn't ~.

接客英会話のカギ

日本人は試着後に How do I look?（似合いますか）と恥ずかしくて言えない人も多いです。海外のお客様が、How do I look? とおっしゃったら、その服を気に入っている証拠です。Gorgeous! や P.118 で学んだフレーズを使い、お勧めしましょう。

CD2 05

CUSTOMER
1　How do I look?

2　Gorgeous! This pair of pants really looks good on you.
　❶ パンツは着ている人の体の上にありますから on を使います。

CUSTOMER
3　Thank you. I'll take it.
　❶ I'll take it は購入決定の定番フレーズです。

4　How do you like it?

CUSTOMER
5　I like it, but this dress is a little too big.
　❶「ワンピース」は dress です。ワンピースは和製英語です。

6　Shall I get you one size smaller?

CUSTOMER
7　I'm looking for a conservative suit.
　❶ conservative（保守的な）は「無難な」の意味にも使えます。

8　How about this one? This design will never go out of fashion.
　❶ go out of fashion は「流行遅れになる」を意味します。

9　Also, it doesn't wrinkle easily.
　❶ wrinkle は「しわ」を意味するだけでなく「しわがよる」の意味もあります。

UNIT 53 カバン屋

人気のあるブランドであること、手作りであること、持ち運びしやすいこと、防水加工されていること、機能的であること、丈夫で長持ちすることなどの長所を伝えるフレーズを言えるようになりましょう。

😊 お客様

☐ 1　20歳の娘にファッショナブルなバッグを探しています。　▶ I'm looking for ~.

☐ 2　人気のある日本のブランドなのでこれをお勧めします。　▶ I recommend ~.

☐ 3　このバッグは手作りです。　▶ This bag is ~.

☐ 4　このブリーフケースをご主人にお勧めします。　▶ I recommend ~.

☐ 5　軽いので持ち運びしやすいです。　▶ It's ~.

☐ 6　防水加工されています。　▶ It's ~.

☐ 7　バッグの中には便利なポケットが4つと緩衝剤(クッション)が入っています。　▶ This has ~.

☐ 8　ショルダーストラップは外すことができます。　▶ This shoulder strap is ~.

☐ 9　素材が丈夫なので長持ちします。　▶ The material is ~.

🗝 接客英会話の**カギ**

最強のセールスポイントは「durable（長持ちする）」なこと。light（軽い）なこともセールスポイントです。日本ならではのお土産品の他にMade in Japanのカバンを購入される、海外からのお客様も多いです。Made in Japanの商品に自信を持ってお勧めしましょう。

🎧 **CD2 06**

😊 **CUSTOMER**

1. **I'm looking for** a fashionable bag for my 20-year-old daughter.

2. **I recommend** this, because it's a popular Japanese brand.

3. **This bag is hand-made.**
   ❶ hand-madeは「手作り」です。

4. **I recommend this briefcase for your husband.**
   ❶ briefcaseは「書類用のカバン」です。

5. **It's comfortable to carry, because it's light.**
   ❶ comfortableは「快適な」、lightは「軽い」です。

6. **It's waterproof.**
   ❶ waterproofは「防水加工した」。heatproof（耐熱性の）なども覚えましょう。

7. **This has 4 useful pockets and cushioning inside the bag.**
   ❶「緩衝剤」はcushioning、inside the bagは「カバンの中」です。

8. **The shoulder strap is detachable.**
   ❶ detachableは「外せる」、attachableは「付けられる」です。

9. **The material is strong, so it's durable.**
   ❶ durableは「長持ちする」です。

UNIT 54 ドラッグストア①

症状の説明を求める、持病やアレルギーについて質問する、薬の効用と服用方法を説明するフレーズを話せるようになりましょう。

□1 症状をご説明ください。 ▶ Please ~.

😊 お客様
□2 二日酔いのために胸焼けがします。 ▶ I have ~.

□3 持病をお持ちですか。 ▶ Do you ~?

□4 薬にアレルギーはありますか。 ▶ Are you ~?

□5 この薬は胃腸の消化を助けます。 ▶ This medicine ~.

😊 お客様
□6 軽い風邪をひいています。 ▶ I have ~.

□7 この風邪薬は風邪によく効きます。 ▶ This ~.

□8 毎食後に1錠服用してください。 ▶ Please ~.

□9 このビタミンC錠の毎日の服用をお勧めします。 ▶ I recommend ~.

接客英会話のカギ

ドラッグストアで薬を買う外国人は多いです。Please describe your symptoms.（症状をご説明ください）と症状をよく聞き、慎重にお薬を出しましょう。Are you allergic to any drugs?（薬にアレルギーはありますか）は、必ず聞きましょう。

CD2 07

1. **Please describe your symptoms.**
   - symptomは「症状」を意味します。

CUSTOMER

2. **I have heartburn because of a hangover.**
   - stuffy nose（鼻づまり）、diarrhea（下痢）、high blood pressure（高血圧）もチェック。

3. **Do you have any chronic diseases?**
   - chronic diseaseは「持病」を意味します。

4. **Are you allergic to any drugs?**
   - be allergic to ～は「～にアレルギーがある」を意味します。

5. **This medicine will help your digestion.**
   - digestionは「消化」、indigestionは「消化不良」を意味します。

CUSTOMER

6. **I have a slight cold.**

7. **This cold medicine is good for a cold.**
   - cold medicineは「風邪薬」です。

8. **Please take one tablet after every meal.**
   - take one tabletは「1錠服用する」です。

9. **I recommend you take these vitamin C pills every day.**

UNIT 55 ドラッグストア②

咳止め、痛み止め、酔い止め、薬の副作用、アレルギー用の目薬について説明できるようになりましょう。

😊 お客様
☐ 1 熱はないですが、咳が出ます。　　　　▶ I don't ~.

☐ 2 この喉あめは咳を止めてくれますよ。　▶ These cough drops ~.

😊 お客様
☐ 3 乗物酔いの薬がほしいです。　　　　　▶ I want ~.

☐ 4 この乗物酔い止め薬は乗車する30分前に服用してください。　▶ Please ~.

☐ 5 この鎮痛剤は生理痛によく効きます。　▶ This painkiller ~.

😊 お客様
☐ 6 この薬には副作用がありますか。　　　▶ Does this medicine ~?

☐ 7 眠くなるかもしれませんので、運転はしないでください。　▶ It may make ~.

😊 お客様
☐ 8 花粉症で目がかゆいです。　　　　　　▶ My eyes are ~.

☐ 9 この目薬はアレルギーによく効きますよ。　▶ These eye drops ~.

接客英会話のカギ

日本はスギ花粉が多いため、急性のアレルギー症状が出る外国人の方も多いです。アレルギー用の目薬など、おすすめ商品をリストアップしましょう。日本のcough drops（喉あめ）は外国の方に人気があります。「薬が効く」は「〜 is effective.」も使えますが、「〜 is good for 〜.」のほうが口語的です。

CD2 08

CUSTOMER
1. I don't have a fever, but I have a cough.
   ❶ have a coughは「咳をする」です。

2. These cough drops will stop your coughing.
   ❶ cough dropは「喉あめ」です。

CUSTOMER
3. I want a motion sickness drug.
   ❶ motion sickness drugは「乗物酔いの薬」を意味します。

4. Please take this motion sickness drug 30 minutes before boarding.

5. This painkiller is good for cramps.
   ❶ 痛み（pain）を殺す（kill）ので「鎮痛剤」はpainkiller、crampsは「生理痛」です。

CUSTOMER
6. Does this medicine have any side effects?
   ❶ side effectは「副作用」です。

7. It may make you sleepy, so please don't drive.

CUSTOMER
8. My eyes are very itchy because of my hay fever.
   ❶ itchyは「かゆい」、hay feverは「花粉症」を意味します。

9. These eye drops are very good for allergies.
   ❶「目薬」はeye dropsです。

第3章 販売店

UNIT 56 ドラッグストア③

虫除けスプレー、コラーゲンドリンク、日焼け止めローション、ホワイトニング歯磨き粉、使い捨てカイロを勧めるフレーズを学びましょう。

□1 夏の間はこの虫除けのスプレーをお勧めします。 ▶ I recommend ~.

□2 これは生理用のナプキンではなく、紙おむつです。 ▶ This is not ~.

□3 このコラーゲンドリンクはあなたを美しく健康にします。 ▶ This collagen drink ~.

😊 お客様
□4 日焼け止めローションを探しています。 ▶ I'm ~.

□5 必要な日焼け止めローションは体用ですか、顔用ですか。 ▶ Do you need ~?

😊 お客様
□6 顔用です。私の肌は敏感肌です。 ▶ For ~.

□7 これらの日焼け止めローションは敏感肌の方用ですよ。 ▶ These sunscreen ~.

□8 このホワイトニング歯磨き粉はあなたの歯をきれいにします。 ▶ This whitening ~.

□9 使い捨てカイロはいかがですか。 ▶ How about ~?

🔑 接客英会話のカギ

日本の紙おむつ（paper diaper）は高品質なので、海外で人気があります。日本の冬は寒いのでdisposable pocket warmer（カイロ）も人気があります。しかし、鉄分からできているため海外の空港でNGになってしまいます。白い歯を大切にする人にはwhitening toothpaste（ホワイトニング歯磨き粉）がお土産として人気があります。

CD2 09

1 **I recommend** this insect repellent spray during summer.
   - insect repellent sprayは「虫除けスプレー」です。

2 **This is not** a sanitary napkin; it's a paper diaper.
   - sanitary napkinは「生理用ナプキン」、paper diaperは「紙おむつ」です。

3 **This collagen drink** keeps you healthy and beautiful.

CUSTOMER
4 **I'm** looking for sunscreen lotion.

5 **Do you need** sunscreen lotion for your body or face?

CUSTOMER
6 **For** my face. I have sensitive skin.

7 **These sunscreen** lotions are designed for sensitive skin.
   - be designed for ~ は「~向けである」を意味します。

8 **This whitening** toothpaste makes your teeth look beautiful.
   - 「歯磨き粉」はtoothpasteです。

9 **How about** a disposable pocket warmer?
   - 「使い捨てカイロ」は disposable pocket warmerです。

第3章 販売店

UNIT 57 書店①

本を置いてない、洋書コーナーがない、案内する、担当者に聞く、絶版である、出版社へ問い合わせることを伝えるフレーズを覚えましょう。

☐ 1　どんな本をお探しですか。　　▶ What kind of book ~?

😊 お客様
☐ 2　私は「How to Study Japanese」を探しています。　　▶ I'm looking for ~.

☐ 3　ご案内します。　　▶ This way ~.

☐ 4　日本語学習のコーナーはここにあります。　　▶ The Japanese language ~.

☐ 5　その本は置いていません。　　▶ We don't ~.

☐ 6　洋書コーナーはございません。　　▶ We don't ~.

☐ 7　担当者に聞いてきます。　　▶ I'll ask ~.

☐ 8　絶版です。　　▶ It's ~.

☐ 9　出版社に在庫があるか電話で聞いてみます。　　▶ We'll ~.

接客英会話のカギ

リクエストされた本を置いてない場合、英語を母語とする人に対してWe don't carry that book.（その本は置いていません）は自然なフレーズです。英語を母語としない人は「どうして在庫があるのに運んできてくれないんだ？」と憤慨してしまうことがあります。英語を母語としない人にはWe don't have that book.と言いましょう。

CD2 10

1 What kind of book are you looking for?

CUSTOMER
2 I'm looking for "How to Study Japanese".

3 This way, please.

4 The Japanese language study book section is here.
   ❶ フロアマップを見せながら使えるフレーズです。

5 We don't carry that book.
   ❶ carryは「運ぶ」ではなく「置く」を意味します。

6 We don't have a foreign book section.

7 I'll ask the person in charge.
   ❶ person in chargeは「担当者」です。

8 It's out of print.
   ❶ be out of printは「絶版である」を意味します。

9 We'll call to ask if the publisher has it.
   ❶ publisherは「出版社」です。

UNIT 58 書店②

書き写す、本を床に置く、座り込むお客様に注意するフレーズ、ポイントカードに関する説明、カバーが必要か、本の割引はできない、サービス券をお渡しするフレーズを言えるようになりましょう。

☐ 1 書き写しはご遠慮いただけますか。 ▶ Could you ～?

☐ 2 本を床に直接置かないでください。 ▶ Please don't ～.

☐ 3 床に座りこまないでください。 ▶ Please don't ～.

☐ 4 申し訳ないのですが、通路の邪魔になります。 ▶ I'm sorry, but ～.

☐ 5 ポイントカードをお作りしましょうか。 ▶ Would you like us to ～?

☐ 6 すみませんが、洋書と文具はポイント対象外です。 ▶ I'm sorry, but ～.

☐ 7 カバーをかけましょうか。 ▶ Would you like ～?

☐ 8 本は割引できません。 ▶ We don't ～.

☐ 9 １万円以上お買い上げのお客様にABC Cafeのサービス券をお渡ししております。 ▶ We offer ～.

接客英会話のカギ

本の書き写しを許可していたら、図書館になってしまいます。「stop ～ ing」は「～をやめる」、「stop to ～」は「～するために立ち止まる」ですから、stop to copy by hand と言い間違えてしまうと「書き写すために立ち止まってください」です。優しい口調で丁寧に注意しましょう。

CD2 11

1 Could you stop copying by hand?
❶ copy by hand は「書き写す」。stop ～ ing は「～をやめる」です。

2 Please don't put the books directly on the floor.

3 Please don't sit on the floor.
❶ Could you please stand up? は丁寧表現に聞こえますが、この場合は無礼です。

4 I'm sorry, but you are in the way in this aisle.
❶ be in the way は「邪魔になる」。obstruct（邪魔をする）は使わないように。

5 Would you like us to make you a reward card?
❶ Would you like a reward card? でもOK。reward card は「ポイントカード」です。

6 I'm sorry, but points can't be used for foreign books and stationery.
❶ can't be used for ～ は「～に使えない」、つまり「対象外である」を意味します。

7 Would you like a cover?

8 We don't offer discounts on books.
❶「offer discounts on 商品」で「商品を割引する」。

9 We offer a free coffee ticket for ABC Cafe to customers who spend over 10,000 yen.

第3章 販売店

UNIT 59 土産物屋 ①

お土産をお勧めする「How about 名詞?」や「I recommend 名詞.」フレーズを練習しましょう。日本の伝統工芸品である扇子や風呂敷も説明できるようになりましょう。

🐵 お客様

□ 1 友達へのお土産を探しています。 ▶ I'm looking for ~.

□ 2 予算を教えていただけますか。 ▶ Could you ~?

🐵 お客様

□ 3 1000円から3000円です。 ▶ It's ~.

□ 4 コンパクトで日本らしい物はいかがですか。 ▶ How about ~?

□ 5 扇子と風呂敷をお勧めします。 ▶ I recommend ~.

□ 6 両方とも使用しない時はコンパクトにたためます。 ▶ Both can ~.

□ 7 扇子と呼ばれている折りたたみ式の扇は涼むのに使えます。 ▶ A folding fan ~.

□ 8 扇子は友情のシンボルで装飾品としても使えます。 ▶ A Sensu is ~.

□ 9 風呂敷は装飾デザインのついた包装用の布です。 ▶ A Furoshiki is ~.

接客英会話のカギ

お土産にはcompact（小型で持ち運びしやすい）でpractical（実用的な）な物をお勧めしましょう。可愛い風呂敷をスカーフとして使用する外国人もいます。また風呂敷の使い方をYou can use it like this.（このように使えます）と実演して教えてあげるのも喜ばれます。

CD2 12

CUSTOMER

1　I'm looking for a souvenir for my friend.
　❶ souvenirは「お土産」です。

2　Could you tell me your budget?
　❶ budgetは「予算」です。

CUSTOMER

3　It's from 1,000 yen to 3,000 yen.

4　How about something compact and really Japanese?

5　I recommend a Sensu and a Furoshiki.

6　Both can be folded compactly when not in use.
　❶「たためる」は be folded です。

7　A folding fan called a Sensu can be used to cool yourself.
　❶ folding fan「折りたたみ式の扇」は扇子です。

8　A Sensu is regarded as a symbol of friendship and can be used as a decoration.

9　A Furoshiki is a wrapping cloth with decorative designs on it.
　❶「包装用の布」は wrapping cloth です。

UNIT 60 土産物屋②

「How about 名詞?」や「I recommend 名詞.」フレーズを定着させましょう。一番よく売れているお土産、京都の特産品の西陣染めや京友禅や招き猫、寿司のキーホルダーについての説明、商品ごとに名前をつけるかたずねるフレーズも覚えましょう。

□1	西陣染のテーブルクロスとネクタイをお勧めします。	▶ I recommend 〜.
□2	友禅染のスカーフとハンカチはいかがですか。	▶ How about 〜?
□3	西陣も友禅も京都の名産です。	▶ Both Nishijin and 〜.
□4	招き猫という手招きしている猫はお客様を引き寄せるために陳列されます。	▶ A beckoning cat 〜.
□5	幸運を招くこのお守りをお勧めします。	▶ I recommend 〜.
□6	私は着物の布からできているこのカバンをお勧めします。	▶ I recommend 〜.
□7	これは一番よく売れているお土産です。	▶ This is 〜.
□8	寿司の形をしたこのキーホルダーはよく売れます。	▶ This key chain 〜.
□9	中身が何かわかるように商品ごとに名前を書きましょうか。	▶ Shall I 〜?

接客英会話のカギ

レストランのショーケースにmenu sample（メニューサンプル）が並んでいるのは日本の文化です。海外のお客様はとても興味を持たれます。メニューのサンプル、特にお寿司の形のキーホルダー（key holder in the shape of sushi）はとても人気のあるお土産です。

CD2 13

1. **I recommend** a Nishijin-dyed table cloth and a necktie.
   - Nishijin-dyedは「西陣染めの」を意味します。

2. **How about** Yuzen-dyed scarfs and handkerchiefs?

3. **Both Nishijin and** Yuzen are specialties of Kyoto.
   - be a specialty of ～は「～の名産である」を意味します。

4. **A beckoning cat** named Maneki-neko is displayed to attract customers.

5. **I recommend** this charm, which invites good luck.
   - charmは「お守り」、invite good luckは「幸運を招く」を意味します。

6. **I recommend** this bag made from kimono cloth.
   - made from ～は「～からできている」。

7. **This is** our best-selling gift.
   - best-sellingは「一番よく売れている」です。

8. **This key chain** in the shape of sushi sells well.
   - in the shape of ～は「～の形をした」、sell wellは「よく売れる」を意味します。

9. **Shall I** write the names of each gift on them to show what's inside?
   - write A on B は「AをBに書く」です。

第3章 販売店

UNIT 61 コンビニ

お弁当を温める、お湯の無料サービス、おにぎりなどの期間限定割引、飲食カウンター、コピー機、商品の場所などに関するフレーズを使えるようになりましょう。

□ 1　電子レンジでお弁当を温めましょうか。　▶ Shall I ~?

□ 2　プラスチックのフォークと割り箸をお付けしましょうか。　▶ Would you like ~?

□ 3　お湯は無料です。　▶ Boiled water is ~.

□ 4　ビニール袋は必要ですか。　▶ Do you ~?

□ 5　1月5日から8日まで、すべてのおにぎりは100円です。　▶ From ~.

□ 6　あちらのカウンターでご飲食していただけます。　▶ You're welcome to ~.

□ 7　コピーはセルフサービスです。　▶ The copy machine ~.

□ 8　コピー機はコインを入れてお使いください。　▶ Insert coins ~.

□ 9　携帯の充電器は向こうのカウンターにございます。　▶ ~ are over there.

接客英会話のカギ

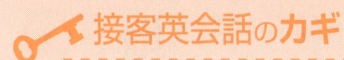

「袋は2円」と張り紙をしているコンビニもあります。You can get 2 yen if you don't need a plastic bag.（ビニール袋が不要なら2円得します）と張り紙をしたほうが良いでしょう。

CD2 14

1. **Shall I** heat up the boxed lunch in the microwave oven?
   - boxed lunchは「お弁当」、microwave ovenは「電子レンジ」を意味します。

2. **Would you like** plastic forks and chopsticks?
   - 「箸」はchopsticksです。

3. **Boiled water is** free of charge.
   - free of chargeは「無料」を意味します。

4. **Do you** need a plastic bag?
   - plastic bagは「ビニール袋」を意味します。

5. **From** January 5th to 8th all rice balls, Onigiri, are 100 yen.
   - 「おにぎり」はご飯でできたボールに見えるのでrice ballと言います。

6. **You're welcome to** eat and drink at the counter over there.
   - be welcome to ～は「～できる」です。

7. **The copy machine** is self-service.
   - self-serviceは「セルフサービス」です。

8. **Insert coins** to use the copier.

9. Mobile phone battery chargers **are** on the counter **over there**.
   - chargerは「充電器」です。

UNIT 62 スーパーマーケット・デパ地下①

商品の特売日、割引率、割引の条件、タイムセール、閉店時間、メンバーズカードの特典を説明するフレーズを覚えましょう。

☐ 1	本日は冷凍食品の特売日になっております。	▶ we have ~.
☐ 2	冷凍食品が40%引きになっております。	▶ We are offering ~.
☐ 3	3つで1000円です。	▶ Three for ~.
☐ 4	お1人様2袋までとなっております。	▶ Just two bags ~.
☐ 5	タイムセールを行っています。	▶ We're having ~.
☐ 6	この特別割引は6時まで続きます。	▶ The special discount ~.
☐ 7	1時間後の9時に閉店させていただきます。	▶ We're closing in ~.
☐ 8	惣菜が50%引きでお求めいただけます。	▶ You can ~.
☐ 9	メンバーズカードをご提示いただければ、さらに10%引きになります。	▶ If you present ~.

接客英会話のカギ

車社会で食料品の買いだめをする文化圏の人は冷凍食品（frozen food）の特売を喜びます。just two bags per person（お1人様2袋）やtime-limited sale（タイムセール）など限定された商品や時間には興味を示す人が多いのは万国共通です。デパ地下には1300種類もの食べ物があり、delicacy（珍味）も豊富です。

CD2 15

1. **Today we have** a special sale on frozen food.
   - frozen foodは「冷凍食品」です。

2. **We are offering** 40% off on all frozen foods.
   - 「offer 〜% off on 商品」は「商品は〜%引き」です。

3. **Three for** a thousand yen.

4. **Just two bags** per person, please.
   - per personは「1人につき」を意味します。

5. **We're having** a time-limited sale now.
   - 「タイムセール」はtime-limited saleです。

6. **This special discount** price runs until 6.
   - runは「続く」を意味します。

7. **We're closing in** 1 hour, at 9.
   - in one hourは「1時間後」を意味します。

8. **You can** get 50% off prepared foods.
   - get 50% offは「50%引きで手に入れる」、prepared foodは「惣菜」です。

9. **If you present** a member's card, we can give you an additional 10% off.

第3章 販売店

UNIT 63 スーパーマーケット・デパ地下②

通路や棚を示しての商品の位置説明、特産品や商品説明のフレーズを使えるようになりましょう。

□1	広告の商品のコーナーにご案内しましょう。	▶ I'll show you 〜.
□2	お肉のコーナーは右奥にあります。	▶ The meat corner is 〜.
	お客様	
□3	缶詰はどの通路にありますか。	▶ Which aisle 〜?
□4	7番通路です。	▶ It's in 〜.
□5	調味料のコーナーは左から2番目の通路です。	▶ The seasonings are 〜.
□6	100円均一コーナーは3番目の通路です。	▶ The 100 yen corner 〜.
□7	かごの中のドッグフードの缶詰はバーゲンです。	▶ The cans of 〜.
□8	梅酒は日本の特産品です。	▶ Plum wine, Umeshu 〜.
□9	この肉まんには豚肉が入っています。	▶ There's pork 〜.

🔑 接客英会話の**カギ**

商品の場所は時間が許せばLet me show you.（ご案内します）とお連れしましょう。特産品の説明は「商品名 is a specialty of Japan.」です。豚まんは人気がありますがThere's pork inside ～.と豚肉が入っていることを必ず説明しましょう。It's just been cooked.（出来立てです）も購買意欲をかきたてるフレーズです。

CD2 16

1 **I'll show you** to the advertised products corner.

2 **The meat corner is** at the back to the right.
   ❶ at the back to the rightは「右奥」です。

CUSTOMER
3 **What aisle** is the canned food in?
   ❶ canned foodは「缶詰」です。

4 **It's in** aisle 7.
   ❶ in aisle sevenは「7番通路」です。

5 **The seasonings are** on the second aisle from the left.
   ❶ on the second aisle from the leftは「左から2番目の通路」。

6 **The 100 yen corner** is on the third aisle.
   ❶ on the third aisleは「3番目の通路」。

7 **The cans of** dog food in the basket are on sale.
   ❶ in the basketは「かごの中の」を意味します。

8 **Plum wine, Umeshu,** is a specialty of Japan.
   ❶ specialty of Japanは「日本の特産品」です

9 **There's pork** inside this steamed meat bun.
   ❶ steamed meat bunは「肉まんじゅう」を意味します。

UNIT 64 スーパーマーケット・デパ地下③

新発売商品の試食のお勧めと量り売りに関するフレーズ、持ち歩きの時間と保冷剤の有無をたずねるフレーズを覚えましょう。

☐ 1　こちらは新発売のクッキーのサンプルです。　▶ Here's 〜.

☐ 2　賞味期限は5月30日です。　▶ The eat-by date 〜.

☐ 3　ご試食してみてください。　▶ Please 〜.

☐ 4　ミニシュークリームは量り売りになります。　▶ We sell 〜.

☐ 5　100グラム400円です。　▶ It's 〜.

😊 お客様
☐ 6　100gはどれくらいですか。　▶ How much is 〜?

☐ 7　このパッケージの中のシュークリームは200gです。　▶ The cream puffs 〜.

☐ 8　お持ち歩きのお時間はどれくらいかかりますか。　▶ How long 〜?

☐ 9　保冷剤をお入れしましょうか。　▶ Shall I 〜?

接客英会話の**カギ**

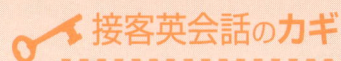

sell by weight（量り売り）はアメリカでも人気があります。量り売りのつまみ食いは当たり前とされているので、必ず試食用のsample foodを置きましょう。アメリカのスーパーではレジで待つ間に、量り売りのprepared food（お惣菜）などを食べる人がいる事も心に留めておきましょう。

CD2 17

1. **Here's** a sample of our new cookies.

2. **The eat-by date** is May 30th.
   ❶ eat-by dateは「賞味期限」を意味します。

3. **Please try this sample.**
   ❶ try a sampleは「試食する」。It's just been cooked.（出来たてです）と宣伝すると◯。

4. **We sell** mini cream puffs by measure.
   ❶「シュークリーム」はcream puff。shoe creamだと「靴磨きクリーム」に。

5. **It's** 400 yen per 100 grams.

CUSTOMER

6. **How much is** 100 grams?

7. **The cream puffs** in this package are 200 grams.
   ❶ areの代わりにweigh（重さは〜である）でもOK。

8. **How long** will it take to reach your home?

9. **Shall I** put an ice pack in?
   ❶ ice packは「保冷剤」を意味します。

第3章 販売店

UNIT 65 郵便局・宅配便

普通郵便か速達かの選択、手紙の郵便料金、元払いか着払いか、割れ物か、生もの用のクール宅急便配送、必要事項の記入依頼、受取確認通知が必要か否かなどのフレーズを使えるようになりましょう。

☐ 1　普通郵便にしますか、それとも速達にしますか。　▶ Would you ~?

☐ 2　速達にされると明日には着きます。　▶ If you send ~.

☐ 3　手紙は30gなので、郵便料金は92円です。　▶ The letter is ~.

☐ 4　元払いですか、着払いですか。　▶ Is this ~?

☐ 5　これは割れ物ですか。　▶ Is this ~?

☐ 6　生ものは冷凍輸送で送らせていただきます。　▶ will be ~.

☐ 7　すべての必要な情報を記入してください。　▶ Please fill in ~.

☐ 8　重さを量って料金をチェックさせてください。　▶ Let me weigh ~.

☐ 9　受取確認通知は必要ですか。　▶ Do you ~?

接客英会話のカギ

郵送方法の選択airmail（エアメール）、sea mail（船便）を確認することはもちろん大切です。割れ物の場合はFragile（壊れ物）の記入を忘れないように。生ものはFresh food will be sent by refrigerated transportation.（生ものは冷凍輸送でお送りします）をはっきり言いましょう。

CD2 18

1. **Would you like regular or express delivery?**
   - airmailは「エアメール（航空便）」、sea mailは「船便」です。

2. **If you send it by express delivery, it will arrive tomorrow.**
   - by expressは「速達で」を意味します。

3. **The letter is 30 grams, so the postage is 92 yen.**
   - postageは「郵便料金」です。

4. **Is this prepaid shipping or cash on delivery?**
   - prepaid shippingは「元払い」、cash on deliveryは「着払い」です。

5. **Is this fragile?**
   - fragileは「割れ物」を意味します。

6. **Fresh food will be sent by refrigerated transportation.**
   - by refrigerated transportationは「冷凍輸送」です。

7. **Please fill in all the necessary information.**

8. **Let me weigh it and check the price.**
   - weighは「量る」を意味します。

9. **Do you need a confirmation of delivery?**
   - confirmation of deliveryは「受け取り確認書」を意味します。

第3章 販売店

UNIT 66 クリーニング店

クリーニングの仕上がり日、金額、引換券を持ってくること、特別3時間仕上げ、シミが落ちないかもしれない、などを伝えるフレーズを言えるようになりましょう。

お客様
☐ 1 このジャケットとドレスを明後日までにクリーニングしてほしいです。 ▶ I want ~.

☐ 2 はい。2時までには仕上がります。 ▶ they will ~.

☐ 3 ジャケットとドレスで1500円です。 ▶ That's ~.

☐ 4 洗濯物をお引き取りに来られるときはこの引換券を持ってきてください。 ▶ Please ~.

☐ 5 50％の料金増しで特別3時間仕上げもございます。 ▶ We have ~.

お客様
☐ 6 このスカートのシミを抜いてもらえませんか。 ▶ Can you ~?

☐ 7 このシミは何ですか。 ▶ What ~?

お客様
☐ 8 コーヒーをスカートにこぼしました。 ▶ I spilled ~.

☐ 9 このシミは落ちないかもしれませんが、ベストを尽くします。 ▶ This stain ~.

接客英会話のカギ

シミが落ちるかどうかはっきりしない場合は、This stain may not come out, but we'll do our best.（このシミは落ちないかもしれませんが、ベストを尽くします）と言いましょう。このフレーズがないと、シミが落ちなかったときの苦情は大きいです。Please bring this claim receipt.（この引換券を持ってきてください）と言うのも忘れずに。

CD2 19

CUSTOMER

1　**I want** to have this jacket and dress cleaned by the day after tomorrow.

2　Yes, **they will** be ready by 2 p.m.
❶ be ready は「仕上がる」です。

3　**That's** 1,500 yen for your jacket and dress.

4　**Please** bring this claim receipt when you pick up your laundry.

5　**We have** a special three-hour service for an additional 50% on the regular price.

CUSTOMER

6　**Can you** get this stain out of this skirt, please?
❶ get A out of B で「AをBから抜く」を意味します。

7　**What** kind of stain is this?

CUSTOMER

8　**I spilled** coffee on my skirt.
❶ spill は「こぼす」を意味します。

9　**This stain** may not come out, but we'll do our best.
❶ come out は「（シミや汚れが）落ちる」を意味します。

UNIT 67 家電量販店 ①

メーカーや機能の希望を聞く、海外仕様のコーナーへの案内、デジカメの機能の簡単な説明、割引の理由、変圧器のお勧め、保証書や取扱説明のホームページ紹介などのフレーズを使えるようになりましょう。

□1 どちらのメーカーをお探しですか。 ▶ What make ～?

□2 どのような機能をお求めですか。 ▶ What functions ～?

□3 このデジカメはビデオの機能があります。 ▶ This digital camera ～.

□4 このデジカメは展示品なので60%引きとなっております。 ▶ This digital camera ～.

□5 海外仕様のコーナーにご案内しましょう。 ▶ I'll show you to ～.

□6 変圧器のお買い求めをお勧めします。 ▶ I recommend ～.

□7 この保証は日本でのみ適用されます。 ▶ This warranty is ～.

□8 この保証は世界共通です。 ▶ This warranty is ～.

□9 詳細についてはメーカーの英語のホームページをご確認ください。 ▶ For more information, ～.

接客英会話のカギ

お土産にはcompact（小型）でlight（軽い）なデジカメをお勧めしましょう。またtransformer（変圧器）を勧めるのは気が利いています。「主語 has a 〜 function.」のフレーズを使えるようになりましょう。例えば、This microwave oven has a toaster function.（この電子レンジはトースターの機能を持っています）です。

CD2 20

1 **What make** of camera are you looking for?
   ❶ makeは「メーカー」を意味します。

2 **What functions** do you need?

3 **This digital camera** has a video function.
   ❶ 「has a 〜 function」（〜の機能をもつ）の 〜は入れ換え自由自在。

4 **This digital camera** was on display, so it is 60% off.
   ❶ be on displayは「展示される」です。

5 **I'll show you to** the overseas model corner.
   ❶ overseas model cornerは「海外仕様のコーナー」です。

6 **I recommend** you buy a transformer.
   ❶ transformerは「変圧器」です。

7 **This warranty is** valid only in Japan.
   ❶ validは「有効な」です。

8 **This warranty is** worldwide.
   ❶ worldwideは「全世界の」です。

9 **For more information,** visit the maker's English website.

UNIT 68

家電量販店② ～修理に関する交渉～

保証書提示の依頼、保証期間中の無料修理もしくは保証期間が過ぎている場合の修理代請求、メーカーへの問い合わせ、保証が効かない場合、商品の製造中止、代わりに新製品を勧めるフレーズを練習しましょう。

お客様

☐ 1　私のデジカメのフラッシュがたけないのです。修理していただけませんか。
▶ The flash on ~.

☐ 2　保証書を見せていただけますか。
▶ Could I ~?

☐ 3　1年の保証期間内なので無料で修理させていただきます。
▶ It's within ~.

☐ 4　1年の保証期間が過ぎていますので、修理代金を請求いたします。
▶ The one-year ~.

☐ 5　故障についてメーカーに問い合わせます。
▶ We'll ~.

☐ 6　この保証は間違った使用で生じたこの破損はカバーいたしません。
▶ This warranty doesn't ~.

☐ 7　このデジカメは製造中止です。
▶ This digital camera has ~.

☐ 8　修理の代金は新発売のデジカメより高いです。
▶ The cost of ~.

☐ 9　新しいデジカメを購入されることをお勧めします。
▶ I recommend ~.

接客英会話のカギ

修理代のほうが新製品を購入するより高い場合は、I recommend you buy a new digital camera.（新しいデジカメを購入されることをお勧めします）と新製品を勧めましょう。さらに It has more functions than the old model.（古いモデルより多くの機能がついています）と続けるのが良いでしょう。

CD2 21

CUSTOMER

1. **The flash on** my digital camera doesn't work. Could you repair it?

2. **Could I** see the warranty card?
   - warranty card は「保証書」です。

3. **It's within** the one-year warranty period, so we can fix it for free.
   - one-year warranty period（1年の保証期間）。

4. **The one-year** warranty period is over, so we have to charge for the repair.
   - be over は「過ぎている」、charge for 〜は「〜を請求する」です。

5. **We'll** contact the manufacturer about the problem.
   - manufacturer は「メーカー」です。

6. **This warranty doesn't** cover this damage, because it has been misused.

7. **This digital camera has** been discontinued.
   - be discontinued は「製造中止」を意味し、be out of production も同じ意味です。

8. **The cost of** the repair would be higher than the price of a new digital camera.

9. **I recommend** you buy a new digital camera.

販売店に関する単語

服　CD2 22

既製服	ready-made
あつらえ服	order-made
裏地	lining
裾	hem
七分袖	three-quartered sleeve
麻	linen
ポリエステル	polyester
カシミヤ	cashmere
混紡	combination
合成皮革	synthetic leather
ムートン	sheepskin
薄手	thin
厚手	thick
刺繍のある	embroidered
無地	plain
正装用のシャツ	dress shirt
パンティストッキング	pantyhose
形状記憶シャツ	shape-memory shirt

靴・カバン　CD2 23

つま先	toe
かかとの高さ	heel height
かかとのない	flat shoe
中敷き	insole
靴底	sole
靴ひも	shoelace
デイパック	daypack
キャリーバッグ	roller bag

ドラッグストア

哺乳瓶	baby bottle
おしゃぶり	pacifier
脱脂綿	surgical cotton
綿棒	cotton swab
体温計	thermometer
制汗スプレー	deodorant spray

体の症状

頭痛	headache
くしゃみをする	sneeze
悪寒	chill
下痢	diarrhea
便秘	constipation
のどの痛み	sore throat
発疹	rash
虫刺され	insect bite

薬の種類

市販薬	over-the-counter medicine
処方箋	prescription
アスピリン	aspirin
消毒液	disinfectant
スプレー式点鼻薬	nasal spray
抗生物質	antibiotics
抗菌剤	antiseptic
軟膏	ointment
うがい薬	mouthwash
絆創膏	Band Aid
薬用キャンディー(トローチ)	lozenge
湿布薬	fomentation / compress

第3章 販売店

日本特有の模様と土産物

菊	chrysanthemum
桜	cherry blossom
松竹梅	pine, bamboo, and plum
書道	calligraphy
漢字	Chinese character
七福神	seven gods of good fortune
芸者をプリントしたTシャツ	T-shirt featuring Geisha
絵葉書	picture postcard
提灯	lantern
櫛	comb
浮世絵	Ukiyoe print
かんざし	Japanese hairpin
ゆかた	Japanese summer kimono
ポケットテッシュ	pocket tissue

スーパー

乳製品	dairy product
ひき肉	minced meat
飲み物	beverage
菓子	sweets
干物	dried fish
食用ラップ	plastic wrap

電化製品

高画質の	high resolution
高音質の	high resolution / high sound quality
冷蔵庫	refrigerator
オーブン	microwave oven
ヘアードライヤー	blow dryer
掃除機	vacuum cleaner

第4章

施設

宿泊施設や美容院、博物館などの施設で使う接客英会話フレーズを覚えましょう。お客様を不安にさせることがないよう、ひと通りマスターすれば自信をもって接客ができます。

CDトラック

UNIT69 (CD2 Track30)
▼
UNIT76 (CD2 Track37)

UNIT 69 宿泊施設 ①

電話での予約対応に関して、宿泊希望日と期間、部屋のタイプ、人数をたずねて確認するフレーズをしっかり覚えましょう。UNIT 16で学んだ電話フレーズの復習もかねて勉強しましょう。

☐ 1 ジャパンビジネスホテルの野坂太郎です。どのようなご用件ですか。 ▶ This is ～.

お客様
☐ 2 メアリー・クランシーです。予約をお願いしたいのですが。 ▶ This is ～.

☐ 3 何日のご予約でしょうか。 ▶ For which day ～?

お客様
☐ 4 6月15日からです。 ▶ From ～.

☐ 5 何泊のご予定ですか。 ▶ For ～?

☐ 6 どのタイプのお部屋をご希望ですか。 ▶ What kind ～?

☐ 7 何名様ですか。チェックさせてください。 ▶ How ～?

☐ 8 お待たせいたしました。 ▶ Thank ～.

☐ 9 お部屋は6月15日から3泊ご利用いただけます。 ▶ The room is ～.

🗝 接客英会話のカギ

The room is available for 3 nights from June 15th.（お部屋は6月15日から3泊ご利用いただけます）のようにお客様が何月何日から、何泊されるのかをはっきり確認しましょう。The room is available from June 15th to 18th.だけだと何泊するのか曖昧です。

🎧 CD2 30

1 Hello, Japan Business Hotel. This is Taro Nosaka speaking. May I help you?
❶ 電話を受ける場合には、「挨拶＋会社名＋名前＋speaking」です。

GUEST
2 This is Mary Clancy. I'm calling to make a reservation.
❶ I'm calling to のあとに目的を続けましょう。

3 For which day would you like to make a reservation?

GUEST
4 From June 15th.

5 For how many nights?

6 What kind of room would you like?

7 How many people are there in your party? Let me check.
❶ partyは「御一行様」を意味します。

8 Thank you for waiting.

9 The room is available for 3 nights from June 15th.
❶ availableは「利用できる」を意味します。

UNIT 70 宿泊施設 ②

宿泊料金の説明、名前の確認、チェックインタイムの確認、部屋が満室の場合のフレーズを覚えましょう。

□ 1	宿泊料金は6500円に税金が加算されます。	▶ The room ~.
□ 2	お名前とお電話番号をおうかがいできますか。	▶ May I ~?
□ 3	何時にチェックインなさいますか。	▶ What time ~?

😊 お客様

□ 4	10時頃にチェックインしたいのですが。	▶ I'd like to ~.
□ 5	チェックインタイムは11時でございます。	▶ Your check-in time ~.
□ 6	早期チェックイン料金を請求させていただきます。	▶ We have to ~.
□ 7	申し訳ございませんが、シングルルームはすべてふさがっております。	▶ We're ~.
□ 8	ツインまたはダブルなら空室がございます。	▶ Twin or double rooms ~.
□ 9	申し訳ございませんが、空室はございません。	▶ We're ~.

接客英会話のカギ

名前は国や民族によって全く異なりますので難しいですが、名前を間違えられると気分が悪いものです。わからない場合はHow do you spell that?（どのようにつづりますか）と聞き直しましょう。UNIT4で学んだ英語が聞き取れないときのフレーズも復習しましょう。

CD2 31

1 **The room rate is 6,500 yen, plus tax.**
   ❶「宿泊料金」はroom rate。時間・日・月単位の料金にはrateを使います。

2 **May I have your name and phone number?**

3 **What time are you going to check in?**
   ❶ What time will you be arriving? でもOKです。

GUEST

4 **I'd like to check in around 10.**

5 **Your check-in time is 11 o'clock.**

6 **We have to charge you an early check-in fee.**
   ❶ early check-in feeは「早期料金」を意味します。

7 **We're really sorry, but all the single rooms are booked.**
   ❶ be bookedは「予約されている」つまり、「ふさがっている」を意味します。

8 **Twin or double rooms are available.**
   ❶ availableは「利用できる」を意味します。

9 **We're very sorry, but there are no vacant rooms.**
   ❶ vacant roomは「空室」を意味します。

UNIT 71 宿泊施設 ③

部屋の準備ができているかの確認、ルームキーの渡し方、チェックアウトタイムの説明、部屋の案内など、チェックインに関する応対フレーズを覚えましょう。

□1 いらっしゃいませ。（午後の場合） ▶ Good 〜.

😊 お客様
□2 ジョニー・スミスです。7月20日から2泊の予定です。 ▶ I have 〜.

😊 お客様
□3 こちらが予約確認書です。 ▶ Here's 〜.

□4 お部屋ができているか確認させていただきます。 ▶ Let me check 〜.

□5 部屋の番号は1221です。こちらがルームカードでございます。 ▶ Your room 〜.

□6 11時以降は遅いチェックアウト料金を請求させていただきます。 ▶ We have to 〜.

□7 エレベーターで12階まで上がってください。 ▶ Please 〜.

□8 エレベーターは廊下の突き当たりにございます。 ▶ The elevator is 〜.

□9 お部屋は非常口の近くにございます。 ▶ Your room is 〜.

接客英会話のカギ

お客様にキーを渡す際に、フロアマップを見せながら、非常出口（emergency exit）の確認もしましょう。日本は自然災害に見舞われることが多い（Japan is often hit by natural disasters.）ので非常口の確認は大切です。

CD2 32

1 **Good** afternoon, sir.
   ❶ アメリカ人女性の場合はma'am、イギリス人女性の場合はmadamと呼びかけます。

GUEST
2 My name is Johnny Smith. **I have** a reservation for 2 nights from July 20th.

GUEST
3 **Here's** my confirmation slip.
   ❶ 「確認書」はconfirmation slipを意味します。

4 **Let me check** if your room is ready.

5 **Your room** number is 1221. Here's your room card.

6 **We have to** charge a late checkout fee after 11 o'clock.
   ❶ late checkout feeは「遅いチェックアウト料金」。

7 **Please** go up to the twelfth floor by the elevator.
   ❶ go up to ～は「～まで上がる」を意味します。

8 **The elevator is** at the end of the hallway.
   ❶ at the end of hallwayは「廊下の突き当たり」を意味します。

9 **Your room is** near the emergency exit.
   ❶ emergency exitは「非常出口」を意味します。

UNIT 72 宿泊施設④

お客様の苦情にしっかり対応するためには、はっきり聞き取れるようにならなくてはいけません。また、聞き取った後、機械工を部屋に送る、自分が部屋に行くことなどを伝えるフレーズをしっかり覚えましょう。

😊 お客様
□1 エアコンがききません。
▶ The air conditioner ~.

😊 お客様
□2 お湯が出ません。
▶ Hot water doesn't ~.

😊 お客様
□3 お風呂の水があふれ出ました。
▶ The bath water ~.

😊 お客様
□4 浴槽の栓が効かないのです。
▶ The plug ~.

😊 お客様
□5 洗面の流しが詰まりました。
▶ The sink is ~.

😊 お客様
□6 トイレの水が流れません。
▶ The toilet won't ~.

□7 すぐに機械工を送ります。
▶ I'll send ~.

😊 お客様
□8 部屋から閉め出されてしまいました。
▶ I've locked ~.

□9 すぐにおうかがいします。
▶ I'll ~.

接客英会話のカギ

The toilet won't flush.（トイレの水が流れません）はすべての英語圏で通じる正しい英語です。The lavatory won't flush.もOKです。

🎧 CD2 33

GUEST
1. **The air conditioner doesn't work.**
   - air conditionerをtelevision（テレビ）、card key（カードキー）などに入れ換え可能。

GUEST
2. **Hot water doesn't come out.**
   - come outは「出る」を意味します。

GUEST
3. **The bath water overflowed.**
   - be overflowedは「水があふれ出る」。

GUEST
4. **The plug in the bathtub doesn't work.**

GUEST
5. **The sink is clogged.**
   - be cloggedは「詰まる」、またbe leakingだと「漏れている」を意味します。

GUEST
6. **The toilet won't flush.**
   - flushは「どっと流れる」を意味します。詰まった場合はThe toilet is blocked.です。

7. **I'll send a mechanic right away.**
   - mechanicでもengineerでもOKです。

GUEST
8. **I've locked myself out of the room.**
   - lock oneself out of ~は「自分自身を~から閉め出す」です。

9. **I'll be right there.**
   - Please wait.よりこのほうが丁寧です。

第4章 施設

UNIT 73 美容院①

コースを聞く、美容師の指名を聞く、美容師の空く時間を伝える、シャンプー台へ案内する、ヘアスタイルを聞くフレーズを覚えましょう。

□1 どちらのコースになさいますか。 ▶ Which service ～?

□2 美容師のご指名はございますか。 ▶ Would you like ～?

□3 お客様の担当の美容師は10分後から仕事に入らせていただきます。 ▶ Your stylist ～.

□4 シャンプー台へどうぞ。 ▶ Please ～.

□5 イスを後ろに倒してもよろしいですか。 ▶ May I ～?

□6 どこかかゆいところはないですか。 ▶ Do you feel ～?

□7 イスを起こさせてくださいね。 ▶ Let me ～.

□8 ヘアスタイルはどのようになさいますか。 ▶ How ～?

😊 お客様
□9 揃えるだけにしてください。 ▶ Just ～.

接客英会話のカギ

混んでいる時や美容師ご指名の場合、待ち時間をお知らせすることはとても大切です。How would you like your hair?（ヘアスタイルはどのようになさいますか）と聞いてJust a trim, please.（揃えるだけにしてください）と言われた場合のフレーズは次のUNIT74で覚えましょう。

CD2 34

1 **Which service** would you like?
   - Shampoo and cut, please.（シャンプーとカットをお願いします）等と返ってきます。

2 **Would you like** any particular stylist?
   - 指名する美容師を particular stylist と言います。

3 **Your stylist** will be available in 10 minutes.

4 **Please** come over to the shampoo basin.
   - 「シャンプー台」はshampoo basinと言います。

5 **May I** recline your chair?

6 **Do you feel** itchy anywhere?
   - feel itchyは「かゆい」を意味します。

7 **Let me** set the chair back.
   - set backは「起こす」を意味します。

8 **How** would you like your hair?

CUSTOMER

9 **Just** a trim, please.
   - trimは スタイルは変えずに「揃える」を意味します。

UNIT 74 美容院②

切る髪の長さを聞く、ヘアカタログを見せて選択を勧める、目をつぶるようにお願いする、髪をすいても良いか聞く、頭の向きを変えてもらう、分け目を聞くフレーズを言えるようになりましょう。

□1 どれくらい切ってもよろしいですか。 ▶ How much ~?

😊 お客様
□2 肩までの長さにしてください。 ▶ Please cut ~.

□3 このヘアカタログからヘアスタイルを選んでいただけます。 ▶ You can ~.

□4 わかりました。このヘアスタイルがお似合いになると思います。 ▶ I think ~.

□5 前髪を切る間は目をつぶってください。 ▶ Please ~.

□6 頭を左に向けてください。 ▶ Please ~.

□7 髪の毛が多いので少しすいてもよろしいですか。 ▶ Shall I ~.

□8 分け目はどちらですか。 ▶ Where do you ~?

😊 お客様
□9 軽くパーマをかけてください。 ▶ Soft perm ~.

接客英会話のカギ

髪は切ってしまうとなかなか伸びてこないので苦情となることが多いです。How much should I cut?（どれぐらい切ってもよろしいですか）と聞きましょう。Please turn your head to ～.（頭を～に向けてください）等のフレーズを言わずに黙ってするとお客様の気分を害する事もあるので気をつけましょう。

CD2 35

1 **How much** should I cut?

CUSTOMER
2 **Please cut** my hair shoulder-length.
   - 肩までは shoulder-length、あごまでは chin-length です。

3 **You can** choose your hairstyle from this hair catalogue.

4 OK. **I think** this hairstyle will suit you.
   - suit は「似合う」です。

5 **Please** close your eyes while I cut your bangs.
   - 「前髪」はアメリカ英語では bang、イギリス英語では fringe です。

6 **Please** turn your head to the left.
   - left を right に入れ換え応用可能です。

7 **Shall I** thin your hair, as it's rather thick?
   - thin は「薄い」だけでなく「すく」も意味します。

8 **Where do you** usually part it?
   - part は「分ける」を意味します。

CUSTOMER
9 **Soft perm**, please.
   - soft perm は「ゆるいパーマ」、tight perm は「きついパーマ」を意味します。

第4章 施設

UNIT 75 美容院③

パーマ液やカラー液をふき取る、ホットスチーマーの使用、ヘアスプレーの使用、ブラシで髪を払う、仕上がりをほめるフレーズを覚えましょう。

□1 パーマ液は大丈夫ですか。 ▶ Is perm solution ~?

🗨 お客様
□2 頬についているパーマ液をふいていただけませんか。 ▶ Could you ~?

□3 申し訳ございません。すぐに取ります。 ▶ I'll ~.

□4 このホットスチーマーの下で20分間ほどおかけください。 ▶ Please ~.

□5 熱かったらどうぞお知らせください。 ▶ Please let me know ~.

□6 あなたの髪のスタイルを作るのにヘアスプレーをかけてもよろしいですか。 ▶ May I ~?

□7 ブラシで顔についた髪を払わせていただいてもよろしいですか。 ▶ May I ~?

□8 後ろにある鏡でもご覧ください。 ▶ Please ~.

□9 とても素敵です！ このヘアスタイルはとてもお似合いですよ。 ▶ You look ~.

接客英会話の**カギ**

美容院では体に触れることが多いです。欧米人は無言で体に触れられるのを嫌がります。その場合May I 〜？を使いこなせるようになりましょう。また、何か問題がある場合など、お客様が知らせやすいようにPlease let me know.（お知らせください）を必ず言いましょう。

CD2 36

1 **Is perm solution OK for you?**
   - perm solutionは「パーマ液」。目に入る場合も頬につく場合もこの表現でOK。

CUSTOMER
2 **Could you wipe the perm solution off my cheek?**
   - wipe 〜 off は「〜をふき取る」を意味します。

3 **I'm really sorry. I'll remove it right away.**
   - remove itはwipe it off よりほんの少しだけフォーマルです。

4 **Please take a seat under this hair steamer for 20 minutes.**
   - sit downは高圧的なので使わないようにしましょう。

5 **Please let me know if it's too hot.**

6 **May I use a hair spray to style your hair?**
   - 「ヘアスタイルを作る」はstyle hairです。

7 **May I brush the hair off your face?**
   - brush offは「ブラシで払い落す」を意味します。

8 **Please look at yourself in the mirror behind you, too.**
   - in the mirror behind youは「あなたの後ろにある鏡で」です。

9 **You look gorgeous! This hairstyle looks really great on you.**
   - ヘアスタイルは頭の上にあるのでonを使います。

第4章 施設

UNIT 76 博物館・美術館

料金や持ち物などの入場に関する説明、ガイドの紹介などの気配り、館内での禁止事項などのフレーズを覚えましょう。

☐ 1	大人の入場料は2000円です。	▶ The admission fee is 〜.
☐ 2	すべての荷物はロッカーへ預けてください。	▶ You must 〜.
☐ 3	お客様のお荷物引き換え券です。	▶ Here's 〜.
☐ 4	次の英語のガイドツアーは3時15分に始まります。	▶ The next 〜.
☐ 5	英語の音声ガイドをお使いになりますか。	▶ Do you need 〜?
☐ 6	展示品に触らないでください。	▶ Please don't 〜.
☐ 7	写真は撮らないでください。	▶ Please refrain from 〜.
☐ 8	指定場所での写真撮影はして頂けます。	▶ You're allowed to 〜.
☐ 9	フラッシュはたかないでください。	▶ You're not allowed to 〜.

接客英会話のカギ

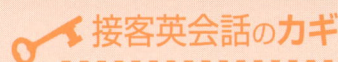

英語のガイドツアーの時間をお知らせする場合には、例えばfiftéen（15）とfífty（50）など、アクセントの位置に注意して発音しましょう。

CD2 37

1. **The admission fee is** 2,000 yen for adults.

2. **You must** leave your baggage in a locker.
   - ❶ Can I take my bag in?（カバンを持って入ってもいいですか）と聞かれた場合に。

3. **Here's** a claim tag for your belongings.
   - ❶ Here's your English pamphlet.（英語のパンフレットです）などHere's ～. は応用可。

4. **The next** guided tour in English begins at 3:15.
   - ❶ 「ガイドツアー」はguided tourです。

5. **Do you need** an audio guide in English?
   - ❶ 音声ガイドはaudio guideです。

6. **Please don't** touch the exhibits.
   - ❶ exhibitは「展示品」です。

7. **Please refrain from** taking pictures.
   - ❶ taking picturesの代わりにsmoking（喫煙）やspeaking loudly（大声で話す）も可。

8. **You're allowed to** take pictures in the designated areas.
   - ❶ be allowed toは「～を許可される」、「指定場所」はdesignated areaです。

9. **You're not allowed to** use a flash.
   - ❶ use a flashは「フラッシュをたく」です。

第4章 施設

すぐに使えるポップフレーズ ②

End of line 最後尾	**Please form a line on this side** こちらにお並び下さい
Smoking area 喫煙場所	**No Entry** 立ち入り禁止
No eating or drinking here 飲食禁止	**No photography, please** 撮影はご遠慮ください
Free. Take one, please 無料です。1部ずつどうぞ。	**Closed on Wednesdays** 水曜日が定休日です

第5章

交通

交通機関に関わる仕事に従事している人はもちろん、誰でも知っておいたほうがいいフレーズばかりです。接客業にたずさわっていると、行き方を聞かれたり、乗り方を聞かれたりすることはよくあります。職種にかかわらず、おさえておきたいフレーズです。

CDトラック

UNIT77 (CD2 Track38)
▼
UNIT85 (CD2 Track46)

UNIT 77 道案内

聞かれた場所までかかる時間を答える、交差点を左折する、右折する、渡る、〜ブロック歩く、〜を過ぎた、など道案内の定番フレーズを使いこなせるようになりましょう。

お客様
□ 1 すみません。この近くに郵便局はありますか。 ▶ Is there 〜?

□ 2 はい、歩いて大体10分くらいのところにございます。 ▶ it's about 〜.

□ 3 この本屋を出て右に曲がってください。 ▶ Turn right 〜.

□ 4 そのまま2ブロック歩いてください。 ▶ Go straight 〜.

□ 5 最初の交差点を左折してください。 ▶ Turn left 〜.

□ 6 郵便局は公園を通り過ぎた右側にあります。 ▶ There's 〜.

お客様
□ 7 すみませんが、メアリーデパートはどこにありますか。 ▶ where 〜?

□ 8 この通りを信号までまっすぐに行ってください。 ▶ Go straight 〜.

□ 9 信号を渡って、左折するとデパートがあります。 ▶ Cross 〜.

接客英会話のカギ

お客様から場所を聞かれて、説明できなければ不親切で悪い印象を与えます。お店に地図を用意しておきましょう。まず、距離感をわかりやすく伝えるにはかかる時間、例えばIt's about a 10-minute walk.（歩いて大体10分くらいです）と説明するのが良いでしょう。

CD2 38

CUSTOMER

1　Excuse me. Is there a post office around here?

2　Yes, it's about a 10-minute walk.
❶「徒歩10分」は10-minute walk、「バスで10分」は10-minute bus rideです。

3　Turn right when you exit this bookstore.
❶ exitの動詞の意味は「出る」、名詞の意味は「出口」です。

4　Go straight for 2 blocks.
❶ blockは「ブロック」を意味します。

5　Turn left at the first intersection.
❶「交差点」はintersectionです。

6　There's a post office on the right side just past the park.
❶ on the right sideは「右側に」、past ～は「～を過ぎた」です。

CUSTOMER

7　Excuse me, where can I find the Mary Department Store?

8　Go straight on this street until you come to the traffic signal.
❶ traffic signalは「交通信号」です。

9　Cross the traffic signal and make a left and you will find the department store.
❶「渡る」はcrossです。make a left (right) の代わりにturn left (right) も使えます。

UNIT 78 タクシー①

行き先をたずねる、荷物をトランクに入れる、所要時間を説明するフレーズを覚えましょう。

- [ ] 1 どちらへ行かれますか。 ▶ Where ~?

- [ ] 2 お荷物をトランクに入れましょうか。 ▶ May I ~?

- [ ] 3 どうぞ、行き先を書いてください。 ▶ Please ~.

- [ ] 4 はい。その場所を存じ上げています。 ▶ I know ~.

- [ ] 5 行き先の住所を書いてください。 ▶ Please ~.

- [ ] 6 カーナビで確認いたします。 ▶ I'll ~.

- [ ] 7 😊お客様　ここから東京スカイツリーまでどれくらいの時間がかかりますか。 ▶ How long ~?

- [ ] 8 交通状況にもよりますが、40分くらいです。 ▶ It depends on ~.

- [ ] 9 😊お客様　目的地に2時までに到着しなければなりません。 ▶ We have to ~.

接客英会話のカギ

日本のタクシー運転手の礼儀正しさ、hospitality（おもてなし）の精神は海外でも知られています。ドアの自動開閉に驚く外国人も多いです。知らない場所を確認する時は、I'll search for it on the car navigation system.（カーナビで確認いたします）と言いましょう。その方が信頼してもらえます。

CD2 39

1 **Where** are you going?
 ❶ またはWhere to?でもOKです。

2 **May I** put your luggage in the trunk?

3 **Please** write down your destination.
 ❶ destinationは「目的地」です。

4 **Yes. I know** the place.
 ❶ I'm familiar with the place.と答えるよりも上記のフレーズの方が自然です。

5 **Please** write down the address of your destination.

6 **I'll** search for it on the car navigation system.
 ❶ search for ～は「～を調べる」、「カーナビ」はcar navigation systemです。

PASSENGER
7 **How long** does it take from here to Tokyo Skytree?

8 **It depends on** the traffic, but it takes about 40 minutes.
 ❶ depend on ～は「～にもよる」を意味します。

PASSENGER
9 **We have to** arrive at our destination by 2.
 ❶ by 2は「2時までには」を意味します。

UNIT 79 タクシー②

交通渋滞のため迂回する、高速道路の使用、シートベルト着用の指示、運賃提示のフレーズを覚えましょう。

□1 交通事故のため迂回しなければなりません。 ▶ We have to ~.

□2 高速道路を通ると2時までに到着できます。 ▶ We can ~.

□3 高速道路料金を支払っていただかなければなりません。 ▶ You have to ~.

□4 深夜料金をお支払いいただかなければなりません。 ▶ You have to ~.

□5 シートベルトを締めてください。 ▶ Please ~.

□6 駐停車禁止区域なので、もう少し先であなたを降ろさせていただきます。 ▶ It's ~.

□7 東京スカイツリーに着きました。 ▶ We've arrived ~.

□8 運賃は2850円になります。 ▶ The fare is ~.

お客様

□9 どうぞ。おつりは取っておいてください。 ▶ Here ~.

接客英会話の**カギ**

下車する際に、お礼を言われたら笑顔でThank you very much! You are welcome. It's my pleasure.（ありがとうございます。どういたしまして）と言いましょう。

CD2 40

1. **We have to** make a detour due to a traffic accident.
   - 「迂回する」はmake a detourです。

2. **We can** get you there by 2 by taking the expressway.
   - 「高速道路」はアメリカ英語ではexpressway、イギリス英語ではmotorway. です。

3. **You have to** pay for the expressway toll.
   - 「高速道路はお金toll（取る）」と覚えましょう。

4. **You have to** pay for the late-night service.
   - 「深夜料金」はlate-night serviceです。

5. **Please** fasten your seat-belt.
   - 「締める」はfastenです。

6. **It's** a no stopping zone, so I'll drop you off a little further on.
   - 「駐停車禁止区域」はno stopping zone、「drop 人 off」は「人を降ろす」です。

7. **We've arrived** at Tokyo Skytree.

8. **The fare is** 2,850 yen.
   - 「運賃」はfareです。

PASSENGER

9. **Here** you are. Please keep the change.
   - Thank you.とお礼を言っていただきましょう。

UNIT 80 電車 ①

乗車する電車名、出発するホームの番号、乗り換え方法、所有時間、下車駅などを伝えるフレーズを練習しましょう。

お客様
□ 1　京都国際会館に行きたいのですが。　　▶ I'd like to 〜.

□ 2　新快速に乗車し京都駅で降りてください。　　▶ Please 〜.

お客様
□ 3　どのホームから電車は出ますか。　　▶ Which platform 〜?

□ 4　電車は8番線から発車します。　　▶ The train 〜.

□ 5　京都駅で地下鉄にお乗り換えください。　　▶ Change to 〜.

□ 6　地下鉄へのお乗り換えは地下1階へ降りて改札を通ってください。　　▶ To change to 〜.

□ 7　国際会館行の地下鉄に2番線からご乗車ください。　　▶ Take the subway 〜.

□ 8　各駅停車なので20分かかります。　　▶ It takes 〜.

□ 9　終点で下車してください。　　▶ Please 〜.

接客英会話のカギ

電車を乗り換えるときはChange to the subway at Kyoto Station.（京都駅で地下鉄にお乗り換えください）のように、どこで何に乗り換えるのかはっきりお伝えしましょう。また「地下鉄」をアメリカ英語ではsubway、イギリス英語ではtube、「ホーム」はアメリカ英語だとtrackでイギリス英語だとplatformです。

CD2 41

PASSENGER

1　I'd like to go to the International Conference Center.

2　Please take the special rapid service train and get off at Kyoto Station.
❶「新快速（特別快速）」はspecial rapid serviceです。「各駅停車（の電車）」はlocal trainです。

PASSENGER

3　Which platform does the train leave from?
❶ leave from ~は「~から出る」です。アメリカ英語ではplatformではなくtrackです。

4　The train leaves from platform 8.

5　Change to the subway at Kyoto Station.
❶「~に乗り換える」はchange to ~です。

6　To change to the subway, go down to B1 and pass through the ticket gate.

7　Take the subway for the International Conference Center from platform 2.

8　It takes 20 minutes because it's a local train.

9　Please get off at the terminal.
❶「終点」はterminalです。

第5章　交通

UNIT 81 電車②

自動券売機での切符の購入方法と自動改札を通る時のフレーズを使えるようになりましょう。

お客様
☐ 1 どこで切符を購入できますか。 ▶ Where can I ~?

☐ 2 コンビニの向かい側の自動券売機からご購入下さい。 ▶ Please ~.

お客様
☐ 3 大阪から京都まではいくらですか。 ▶ How much ~?

☐ 4 560円です。目的地と運賃の表を見てください。 ▶ Please ~.

☐ 5 自動券売機にお金を入れてください。 ▶ Please ~.

☐ 6 それから目的地のボタンを押してください。 ▶ Then, ~.

☐ 7 あなたの目的地への切符が出てきます。 ▶ Your ticket to ~.

☐ 8 自動改札機に切符を入れてください。 ▶ Please ~.

☐ 9 通るときには切符を取るのを忘れないでくださいね。 ▶ Please don't ~.

接客英会話のカギ

自動改札機に通した切符を取り忘れる人が多いので、Please don't forget to pick it up when you go through.（通るときには切符を取るのを忘れないでください）と念押ししてあげましょう。

CD2 42

PASSENGER

1 **Where can I** buy a ticket?

2 **Please** buy your ticket from the vending machine across from the convenience store.
   ❶ across from ~は「~の向かいに」、vending machineは「自動券売機」です。

PASSENGER

3 **How much** is it from Osaka to Kyoto?

4 560 yen. **Please** look at the table for your destination and fare.

5 **Please** put money into the vending machine.

6 **Then,** press the button for your destination.
   ❶ press the buttonは「ボタンを押す」です。

7 **Your ticket to** your destination will come out.
   ❶ come outは「出てくる」を意味します。

8 **Please** put your ticket into the automatic ticket machine.
   ❶ 「自動改札機」はautomatic ticket machineです。

9 **Please don't** forget to pick it up when you go through.
   ❶ go through ~は「~を通る」を意味します。

第5章 交通

UNIT 82 電車③

悪天候や事故での電車の運行の乱れ、一時運行の見合わせを説明するフレーズ、その対処のフレーズを練習しましょう。

☐ 1 大雨のため電車は35分遅れています。 ▶ The train is 〜.

☐ 2 事故のため、一時運行を見合わせております。 ▶ The train is 〜.

😊 お客様
☐ 3 電車はいつ運行を再開しますか。 ▶ When will 〜?

☐ 4 復旧し次第お知らせいたします。 ▶ We will 〜.

😊 お客様
☐ 5 どのようにすれば空港まで着けますか。 ▶ How can 〜?

☐ 6 臨時バスがXYZ空港までお送りします。 ▶ A special bus 〜.

😊 お客様
☐ 7 会社の会議に遅れてしまうのですが。 ▶ I'll 〜.

☐ 8 遅延証明書を発行いたします。 ▶ We'll 〜.

☐ 9 あちらの窓口で払い戻してABC鉄道をご利用ください。 ▶ Please get a 〜.

接客英会話のカギ

日本の交通機関は高度に発展している事で知れ渡っています。(Japan's public transportation system is highly developed.) しかし日本はよく自然災害に見舞われます。(Japan is often hit by natural disasters.) 払い戻しの方法や他の交通機関を使うアドバイスをしてください。

CD2 43

1 **The train is** 35 minutes behind schedule due to the heavy rain.
   ❶ 「予定時刻より遅れている」は be behind schedule です。

2 **The train is** currently suspended due to an accident.

PASSENGER
3 **When will** the trains start again?

4 **We will** let you know as soon as things get back to normal.

PASSENGER
5 **How can** I get to the airport?

6 **A special bus** will take you to XYZ Airport.
   ❶ 「臨時バス」は special bus です。

PASSENGER
7 **I'll** be late for a meeting at my company.

8 **We'll** issue you a delay certificate.
   ❶ issue（発行する）の代わりにgiveでもOKです。

9 **Please get a** refund for your ticket at the office over there and use ABC Railway.

第5章 交通

UNIT 83 バス①

発車時刻、出発する間隔、何番のバスルートか、路線図の見せ方、目的地までの停留所の数を説明するフレーズを覚えましょう。

お客様
□1 次のバスはいつ出ますか。 ▶ When does ~?

□2 次のバスは11時半に出発します。 ▶ The next bus ~.

お客様
□3 京都駅行のバスはどれくらいの間隔で出発しますか。 ▶ How often ~?

□4 15分間隔で出ています。 ▶ It leaves ~.

お客様
□5 動物園行は何番ルートですか。 ▶ What route ~?

□6 3番ルートです。 ▶ It's ~.

□7 こちらが路線図です。 ▶ Here's ~.

お客様
□8 植物園まではいくつ停留所がありますか。 ▶ How many ~?

□9 5番目の停留所です。 ▶ It's the ~.

接客英会話のカギ

知らない場所でバスに乗る場合、何番目の停留所か知りたいものです。「It's the 序数 bus stop.」と路線図（route map）を見せながら説明するのがベストです。

CD2 44

PASSENGER

1　When does the next bus leave?

2　The next bus leaves at 11:30.

PASSENGER

3　How often does the bus for Kyoto Station leave?
   - how often で「どれくらいの間隔で」を表します。

4　It leaves every 15 minutes.
   - every 15 minutes の minutes の s を忘れないように。

PASSENGER

5　What route should I take for the zoo?

6　It's route number 3.

7　Here's a route map.

PASSENGER

8　How many bus stops to the Botanical Gardens?

9　It's the fifth bus stop.
   - bus stop は「バス停」です。

UNIT 84 バス②

一律運賃、1日乗車券の説明、降車ボタンの説明、お客様の目的地についた場合、お客様がバスを乗り間違えた場合、停留所を乗り過ごした場合などの対処フレーズを話せるようになりましょう。

□1 運賃は一律250円です。 ▶ The fare is ~.

□2 1日乗車券があります。 ▶ You can ~.

□3 この1日乗車券で何回でもバスに乗っていただけます。 ▶ With this ~.

□4 次の停留所で降りられる方は降車ボタンを押してください。 ▶ Please ~.

お客様
□5 美術館に着いたら教えてください。 ▶ Please let me know ~.

□6 植物園でございます。 ▶ Here we are ~.

お客様
□7 バスを乗り間違えました。 ▶ I took ~.

お客様
□8 すみませんが、停留所を乗り過ごしました。 ▶ I'm sorry, but ~.

□9 次の停留所で降りて4番ルートに乗ってください。 ▶ Please ~.

接客英会話のカギ

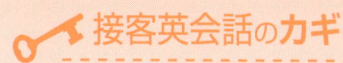

お客様から目的地についたら知らせるように頼まれていた場合、Here we are at ～. と大きな声で言いましょう。お客様がバスを乗り間違えたりした場合、Please get off ～. だけでなく次にどのバスに乗れば良いかをTake ～. とルートマップをみせて教えてあげましょう。

CD2 45

1 **The fare is** a flat 250 yen.
- flatは「一律」です。

2 **You can** purchase a one-day pass.

3 **With this** one-day pass, you can ride the buses as many times as you like.
- as many times as you likeは「好きな回数」、つまり「何回でも乗れる」です。

4 **Please** push the stop request button for the next stop.
- 「降車ボタン」はrequest buttonです。

PASSENGER
5 **Please let me know** when this bus gets to the museum.
- tell meよりlet me know の方が自然です。

6 **Here we are** at the Botanical Gardens.

PASSENGER
7 **I took** the wrong bus.
- wrongは「間違った」です。wrong train（電車の乗り間違い）、wrong change（おつり間違い）、wrong number（間違い電話）も覚えましょう。

PASSENGER
8 **I'm sorry, but** I missed the stop.
- miss the stopは「停留所を乗り過ごす」、miss the busは「バスに乗りそこなう」。

9 **Please** get off at the next bus stop and take route number 4.

UNIT 85 新幹線

指定席か自由席かの希望を聞く、乗り遅れた人への対応フレーズを練習しましょう。

お客様

- [ ] 1 東京－新大阪間の新幹線の往復切符をお願いします。 ▶ A round trip ~.

- [ ] 2 指定席と自由席のどちらになさいますか。 ▶ A reserved ~?

- [ ] 3 全席指定席でございます。 ▶ All seats are ~.

- [ ] 4 新幹線の指定席乗車券を取ったのですが、乗り遅れました。 ▶ I had ~.

- [ ] 5 払い戻しはできません。 ▶ We can't ~.

- [ ] 6 座席の予約状況を確認しますね。 ▶ Let me check ~.

- [ ] 7 次の新幹線にお席が取れます。 ▶ You can ~.

- [ ] 8 自由席へ乗車できます。 ▶ You can get on ~.

- [ ] 9 指定席をご希望なら、新しい指定席乗車券をご購入していただかなければなりません。 ▶ You have to ~.

接客英会話のカギ

アメリカ英語では「往復切符」はround trip ticketですが、イギリス英語ではreturn ticketと言います。return ticketを「帰りのチケット」と間違えないように気をつけましょう。新幹線だけでなく、他の交通機関でも使えるフレーズが多いです。

CD2 46

PASSENGER

1 **A round trip** Shinkansen ticket between Tokyo and Shin-Osaka, please.

2 **A reserved** or non-reserved seat?
　❶「指定席」はreserved seat、「自由席」はnon-reserved seatです。

3 **All seats are** reserved seats.

4 **I had** a reserved ticket for the Shinkansen, but I missed that train.

5 **We can't** give you a refund.
　❶ You can't get a refund. でも意味は同じです。

6 **Let me check** the availability of the seats.
　❶ availabilityは「予約状況」です。

7 **You can** get a seat on the next Shinkansen.

8 **You can get on** a non-reserved car.

9 **You have to** buy a new reserved seat ticket if you want one.
　❶「指定席乗車券」はreserved seat ticketです。

第5章　交通

195

交通に関する単語

CD2 47

切符窓口	ticket office
回数券	coupon ticket
自動改札機	automatic ticket machine
改札	ticket gate
中央(東・西・南・北)口	central (east·west·south·north) exit
始発駅	starting station
乗換駅	transfer station
終着駅	terminal station
～行の	bound for ~
地下鉄入口	subway entrance
乗車位置	boarding point
普通列車	local train
準急列車	local express train
急行列車	express train
快速列車	rapid train
特急列車	limited express
電車の車両	car
つり革	strap
網棚	rack
自動精算機	fare adjustment machine
バス停	bus stop
タクシー乗り場	taxi stand
タクシーメーター	taximeter
優先席	priority seat
後部ドア	rear door

第6章

緊急・トラブル

もちろん何も起きないのが一番ですが、何か起きた場合にはお客様を適切に誘導できるよう、最低限のフレーズはしっかり覚えておいてください。忘れ物や落し物などに関するちょっとしたトラブル対応のフレーズも用意しましたので、役立てられるよう繰り返し練習をしましょう。

CDトラック

UNIT86 (CD2 Track48)
▼
UNIT90 (CD2 Track52)

UNIT 86 急病人対応

急病のお客様の具合を聞く、どこが痛むか聞く、救護室に案内する、横になるように言う、救急車を呼ぶと伝える、知人や親戚の連絡先番号を聞くといったフレーズを練習しましょう。

☐ 1 どうなさいましたか。 ▶ What's ~?

お客様
☐ 2 すみません、気分が悪いのです。 ▶ Excuse me, ~.

☐ 3 どこが痛むのですか。 ▶ Where ~?

お客様
☐ 4 ひどい腹痛がして動けません。 ▶ I have a ~.

お客様
☐ 5 耳鳴りがしてめまいがします。 ▶ I have a ringing ~.

☐ 6 救護室に案内いたします。 ▶ I'll ~.

☐ 7 このソファーで横になってください。 ▶ Please lie ~.

☐ 8 すぐに救急車を呼びます。 ▶ I'll call ~.

☐ 9 ご親戚かお友達の携帯電話番号を教えていただけませんか。 ▶ May I ~?

接客英会話の**カギ**

お客様の容態を見て迅速に行動を起こしましょう。容態が悪い場合は救急車を呼ぶ、そして、May I have a relative's or a friend's mobile phone number?（ご親戚かお友達の携帯電話番号を教えていただけませんか）と緊急連絡先の電話番号を聞きましょう。

CD2 48

1　What's the matter, ma'am/ sir?

CUSTOMER
2　Excuse me, I feel sick.

3　Where does it hurt?

CUSTOMER
4　I have a severe stomachache and I can't move.
❶ stomachacheを headache（頭痛）などに入れ換え自由自在。

CUSTOMER
5　I have a ringing in my ears and feel faint.
❶ have a ringing in my earsは「耳鳴りがする」、feel dizzyも feel faintと同じ意味です。

6　I'll take you to the first aid center.
❶ first aid centerは「救護室」を意味します。

7　Please lie down on this sofa.
❶ lie downは「横になる」を意味します。

8　I'll call an ambulance right away.
❶ ambulanceは「救急車」を意味します。

9　May I have a relative's or a friend's mobile phone number?

第6章 緊急・トラブル

UNIT 87 地震のときの緊急対応

非常放送の指示に従う、地震があったことを知らせる、落ち着くように促す、窓から離れる、エレベーターの使用禁止、頭を守る、落下物に注意などの指示フレーズを練習しましょう。

□1 非常放送の指示に従ってください。 ▶ Please ~.

□2 ただ今、地震がありました。 ▶ There was ~.

□3 小さな地震です。 ▶ The earthquake is ~.

□4 慌てずどうぞ落ち着いてください。 ▶ Don't ~.

□5 どうぞ窓から離れてください。 ▶ Please ~.

□6 どうぞエレベーターはご使用にならないでください。 ▶ Please ~.

□7 どうぞ頭を守ってください。 ▶ Please ~.

□8 落下物にご注意ください。 ▶ Please ~.

□9 地震がおさまるまで部屋から出ないでください。 ▶ Please ~.

接客英会話のカギ

地震に慣れないお客様は少しの揺れでも怖いものです。The earthquake is a small one.（小さな地震です）とお知らせする事も大切です。

CD2 49

1 **Please follow the emergency instructions broadcast.**
   ❶「非常放送」はemergency instructions broadcastです。

2 **There was an earthquake just now.**
   ❶ earthquakeはearth（地面）がquake（揺れる）のでearthquakeと言います。

3 **The earthquake is a small one.**

4 **Don't panic and please stay calm.**
   ❶ panicは「慌てる」を意味します。

5 **Please stay away from the windows.**
   ❶ stay away from ～は「～から離れる」を意味します。

6 **Please don't use the elevators.**

7 **Please cover your head.**
   ❶ coverはここでは「守る」を意味します。

8 **Please be careful of falling objects.**
   ❶ falling objectは「落下物」です。

9 **Please don't leave the room until the earthquake is over.**
   ❶ leave the roomは「部屋を出る」です。

第6章 緊急・トラブル

UNIT 88 火災のときの緊急対応

ここでは、火災報知器が鳴る、ぼやの発生、火事がおさまる、濡らしたタオルで鼻と口を守る、地震、火災の両方の場合の誘導、非常口の場所、非常階段からの避難などのフレーズを覚えましょう。

☐ 1　私どもの指示に従ってください。　　▶ Please ~.

☐ 2　火災報知器が鳴りました。　　▶ The fire alarm ~.

☐ 3　ビル内で、ぼやが発生しました。　　▶ There was a ~.

☐ 4　火事はおさまりました。　　▶ The fire ~.

☐ 5　濡らしたタオルで鼻と口をふさいでください。　　▶ Please cover ~.

☐ 6　私どもの後についてきてください。　　▶ Please ~.

☐ 7　非常口はこの廊下の突き当たりです。　　▶ The emergency exit ~.

☐ 8　非常階段を使って避難してください。　　▶ Please ~.

☐ 9　押し合わないでください。　　▶ Please ~.

接客英会話のカギ

火事がぼやの場合は、There was a small fire.（ぼやがありました）と small をつけて説明することが大切です。11階以上の建物には emergency elevator（非常用エレベーター）がありますが、地震の場合も火事の場合も Please evacuate by using the emergency stairs.（非常階段を使って避難してください）と誘導するのがベストです。

CD2 50

1. **Please follow our instructions.**
   - follow は「従う」、instruction は「指示」を意味します。

2. **The fire alarm went off.**
   - fire alarm は「火災報知器」、go off は「鳴る」を意味します。

3. **There was a small fire in the building.**
   - 「ぼや」は small fire です。

4. **The fire is extinguished.**
   - be extinguished は「消される」を意味します。extinguish の代わりに put out も OK。

5. **Please cover your nose and mouth with a wet towel.**
   - with a wet towel は「濡らしたタオルで」を意味します。

6. **Please follow us.**
   - 様々な場面で使える便利な表現。非常事態では大きな声ではっきり言いましょう。

7. **The emergency exit is at the end of this corridor.**
   - emergency は「非常」、exit は「出口」を意味します。

8. **Please evacuate by using the emergency stairs.**
   - evacuate は「避難する」、emergency stairs は「非常階段」です。

9. **Please don't push.**

第6章 緊急・トラブル

UNIT 89 落し物・忘れ物 ①

電車で傘を置き忘れたり、ラックにカバンを忘れたりする人が多いです。どの電車に乗り、いつ、どこで降車したか、どの車両に乗ったか、忘れ物の説明を求める、届いていない、遺失物取扱所に問い合わせるフレーズを練習をしましょう。

お客様

☐ 1　傘を電車に置き忘れたと思うのですが。　▶ I think 〜.

☐ 2　いつ、どこで降りましたか。　▶ When and where 〜?

☐ 3　どの車両に乗られましたか。　▶ Which car 〜?

☐ 4　どのような物か説明してくれませんか。　▶ Can you 〜?

お客様

☐ 5　白い水玉模様の傘です。　▶ It's an 〜.

☐ 6　残念ながら、それらしき物は届いていません。　▶ I'm afraid 〜.

☐ 7　今すぐ、遺失物取扱所に電話します。　▶ I'll 〜.

☐ 8　この書類に記入してください。　▶ Please 〜.

☐ 9　届け出があり次第、ご連絡させていただきます。　▶ We'll 〜.

接客英会話の**カギ**

車両をcarと知ってびっくりしている学習者も多いと思います。carはcarriageの短縮語です。アメリカ英語では車両はcarですが、イギリス英語では主にcarriageが使われていることにも注意しましょう。

CD2 51

CUSTOMER

1 **I think** I left my umbrella in the train.
   ❶ leaveは「置き忘れる」です。

2 **When and where** did you get off?

3 **Which car** were you on?
   ❶ 「車両」はcarです。

4 **Can you** describe it?
   ❶ describeは「説明する」を意味します。

CUSTOMER

5 **It's an** umbrella with white dots.
   ❶ white dotは「白い水玉」です。

6 **I'm afraid** we have no such item.
   ❶ itemは「物」です。

7 **I'll** call Lost and Found right away.
   ❶ Lost and Foundは「遺失物取扱所」を意味します。

8 **Please** fill in this form.

9 **We'll** contact you as soon as it is reported.
   ❶ be reportedで「届けられる」です。

UNIT 90 落し物・忘れ物②

届いているか調べる、どのような物か聞く、財布やカバンの中身を聞く、お店にお届けがある場合、お届けがない場合、遺失物取扱所に行くよう指示をするフレーズを覚えましょう。

お客様
□1 テーブルの上に財布を置き忘れたと思います。 ▶ I think ~.

□2 届いているかお調べします。 ▶ I will see if ~.

□3 どのような物ですか。 ▶ What's ~?

お客様
□4 革の赤い財布です。 ▶ It's a ~.

□5 財布の中身を教えてください。 ▶ Please ~.

□6 はい。お届けがあります。 ▶ We have ~.

□7 5階の遺失物係に行ってもらえますか。 ▶ Will you ~?

□8 あなたの財布は届けられていませんので、この用紙にご記入ください。 ▶ We don't ~.

□9 届け出があり次第お電話いたします。 ▶ We'll ~.

接客英会話のカギ

日本は落し物や忘れ物をしても届けてもらえる、戻ってくる国として知られています。財布をなくされた人にはPlease tell me the contents of the wallet.（財布の中身を教えてください）と言って中身も聞きましょう。

CD2 52

CUSTOMER

1　I think I've left my wallet on a table.

2　I will see if we have your item.

3　What's it like?
　❶ Can you describe it? よりカジュアルです。

CUSTOMER

4　It's a red wallet made of leather.

5　Please tell me the contents of the wallet.
　❶ contentsは「中味」を意味します。

6　OK. We have your item.

7　Will you go to our Lost and Found section on the fifth floor?

8　We don't have your wallet, so please fill in this form.

9　We'll call you as soon as it is reported.
　❶ as soon as it is reportedは「届け出があり次第」を意味します。

第6章　緊急・トラブル

●著者紹介

柴山かつの　Shibayama Katsuno

京都産業大学非常勤講師。オフィスレム顧問。日米英語学院梅田校および多くの大学・企業でTOEIC、英検、ビジネス英語、日本文化の講師を務めた経験を持つ。英検1級、通訳案内士国家資格保持。著書に『英検2級英単語スピードマスター』『TOEIC Bridge® スピードマスター』『はじめて受けるTOEIC® TEST 総合スピードマスター』（以上、Jリサーチ出版）など多数。6点は海外数カ国で翻訳出版。

カバーデザイン	滝デザイン事務所
本文デザイン／DTP	漆崎勝也（AMI）
カバー／本文イラスト	イクタケマコト
英文校閲	Paul Dorey
ナレーション協力	Rachel Walzer
	都さゆり
CD録音・編集	一般財団法人　英語教育協議会(ELEC)
CD制作	高速録音株式会社

すぐに使える接客英会話 大特訓

平成 26 年（2014 年）10 月 10 日　　初版第 1 刷発行
令和 2 年（2020 年）　2 月 10 日　　　第 6 刷発行

著　者	柴山かつの
発行人	福田富与
発行所	有限会社　Jリサーチ出版
	〒166-0002　東京都杉並区高円寺北 2-29-14-705
	電話 03(6808)8801(代)　FAX 03(5364)5310
	編集部 03(6808)8806
	http://www.jresearch.co.jp
印刷所	（株）シナノ パブリッシング プレス

ISBN978-4-86392-203-7　禁無断転載。なお、乱丁・落丁はお取り替えいたします。
© Katsuno Shibayama, 2014 All rights reserved.